此處葬曹操

唐際根——著

【目次】

引子

曹操，中國社會一個婦孺皆知的名字！

他寫下的「對酒當歌，人生幾何」已經傳唱千年。他高歌的「老驥伏櫪，志在千里」讓人耳熟能詳。他在官渡之戰中創造出以少勝多的神奇戰例，卻又在赤壁之戰中盡顯悲涼。他有統一天下的雄才大略，卻不得不接受「三足鼎立」的骨感現實。他是學者筆下的巨人，卻又被詩文小說家貼上「亂世奸雄」的標籤。

一千八百餘年前，他上演完自己的全部活劇，永遠地謝幕了。然而有關他的種種爭議，並未隨著他的謝世而終結，甚至連葬身之處也變得撲朔迷離。

本以為，安陽西高穴村的考古發現解開了曹操的葬地之謎，然而社會最初投給考古學的卻是懷疑和譏諷：

「考古隊怎麼能確認這座墓不是一座故意留些器物的假墓？」

「考古隊發掘是為了當地政府的『墓葬GDP（國內生產總值）』。他們被河南人收買了！」

「曹操墓裡驚現兩個頭蓋骨，經考古學家鑑定，一個是曹操的，另一個是曹操小時候的。」

本以為，安陽西高穴村的考古發現，拂去了歷史強加給他的諸多不公，然而在許多人眼中，曹操依然是竊取漢室、為亂天下、作賤民生的「漢賊」[1]。

西陵今還在，寒煙幾度秋！

我們誤解了曹操墓，也誤解了曹操！

1 陳壽《三國志．蜀書．先主傳》，「董卓首難，蕩覆京畿，曹操階禍，竊執天衡；皇后太子，鴆殺見害，剝亂天下，殘毀民物。」

第一章　青石墓誌透露的祕密

第一節　駙馬都尉魯潛

葬在安陽的歷史名人

在中國的城市中，安陽是特殊的存在。這座城市也許沒有北京、西安、洛陽、南京、杭州、開封知名，卻是無可爭議的「七大古都」之一。

有學者曾按「做為都城所歷經的朝代數」及「做為都城的總時長」給每座城市賦值，結果安陽的得分居然超過南京、杭州與開封，是中國七大古都中排名靠前的重要古都。

歷史上的西安、洛陽做為都城的總時長超過千年，成就了大漢、大唐的輝煌。北京曾經是金中都、元大都及明、清兩代的都城，至今仍然是中國的政治心臟。安陽自西元前十四世紀成為商朝人的「天邑商」，又在曹魏、後趙、冉魏、前燕、東魏、北齊數代為都，總時長達到三百九十餘年。

按老百姓的說法，既是都城，必然埋有「大官」。

這也確實不假。不僅有「大官」，更有帝王葬在附近。自商王盤庚將商朝都邑遷徙於此，歷代商王便埋在了這裡。二十世紀三〇年代，考古發掘確認了商朝的陵園，並發掘清理了至少九位國王的陵墓。曹魏、後趙、冉魏、前燕、東魏、北齊幾個朝代，也必有皇帝葬於此。除了帝王，「大官」更是大有人在。二十一世紀初實施南水北調工程期間，考古隊便在幹渠沿線發掘出了不少「皇親國戚」。如北魏大臣李華、東魏將軍趙明度，還有北齊賈進、劉殺鬼（劉通）等人的墓葬。這些都是北朝時期的名人。其中賈進是西漢名臣、寫過《過秦論》的賈誼的後裔；劉殺鬼曾為梁州刺史，更是位「畫門雀於壁間」、使人「拂之方覺」的藝術家型官員。

這些林林總總的名人中，有一位的墓葬扯上了曹操。此人便是魯潛。魯潛也是位「大官」。關於此人，歷史文獻中只能查到有限的記載。《晉書》：「晉都尉魯潛叛，以許昌降於勒。」[1]

1 房玄齡等《晉書》卷一〇五。

勒，即石勒，羯族人，後趙的開國皇帝。做為中國歷史上的少數民族政權，後趙存在的時間很短暫。西元三一九年建國，西元三五一年便被另一個短命王朝冉魏（三五〇—三五二）所滅。

《晉書》上這條文獻記載的背景是，石勒領兵在山西、河北、山東征戰，所向披靡，山東、河北一帶的原西晉將領或被殺、或歸降。魯潛也在歸降之列。

數百年後，司馬光撰《資治通鑑》回憶起五胡亂華時，也曾提及此事，「都尉魯潛以許昌叛，降於後趙。」[2]

這條記載中魯潛的個人資訊明確：曾是據守許昌的西晉都尉，後在戰事中降了後趙。

古往今來，多數人物都如煙塵逝去。能在文獻，特別是司馬光的《資治通鑑》中留名，魯潛已經是歷史的「幸運兒」了。意想不到的是，這位本來只被古代文獻偶爾提及的西晉都尉，卻倔強地在歷史中尋找「存在感」——一九九八年，他的墓誌鬼使神差般從地裡「鑽」了出來，並且帶來了他更豐富的生平資訊。

魯潛墓誌

西高穴村，是豫北大地上一個毫不起眼的小村莊。說它不起眼，在於它的規模與建築沒有特別之處。百十間瓦房聚集在一起，略顯得有些雜亂。村中的小路，曾經狹窄而泥濘，如今已經鋪上了柏油路。類似的村莊，在豫北地區幾乎到處都是。

西高穴村位於河南安陽市區西北十五千米處，行政上隸屬安陽縣安豐鄉（今屬殷都區）。該村西依太行、北臨漳河，當地人往往以「依水臨峰」來描述周邊環境，自豪之情，洋溢於言辭之間。

西高穴村出現於何時？史書無載。散落分布的鄰村及村與村之間延綿的田疇，卻不時揭開他們榮光的過去。村民們在田間地頭，撿塊秦磚漢瓦、拾枚古錢殘貝，早就習以為常。

2 司馬光《資治通鑑・晉記・卷十五》。

二十世紀七〇年代，西高穴村辦了一家窯廠燒磚，但磚的價格始終賣不上去。據說是因為燒磚的土中瓦渣、瓷片太多。

西高穴村的鄰村漁洋村，有一位叫龍振山的村民，喜歡收集古董，被人稱作「土博士」。

龍振山的收藏與眾不同，只著眼於自己村莊附近的田間地頭。長年以來，他不僅收集銅器、瓷器、卜骨，也拾回家大量歷朝歷代的陶片。他的藏品已達三千餘件。二〇〇七年在安陽師範學院和安陽市博物館支持下，他從中選出一千餘件，在自家院中建

河南安陽西高穴村附近（作者拍攝於南水北調考古工程實施前一年）

了一個展室，讓來客免費參觀。考古學家曾經拜訪龍振山，驚訝地發現其藏品的年代，涵蓋了從中國史前時期至明清兩朝所有不同時期，足以說明他所在的漁洋村是一座「至少六千年沒有間斷」的古村[3]。

龍振山的收藏中，有一枚銅質門釘，外觀簡潔大氣，讓人聯想起北京紫禁城內的朱門。見過此枚門釘的考古學家，都斷定這枚門釘是規格很高的建築物殘留下來的，年代應屬東漢，至少也是魏晉時期。

既然與漁洋村相鄰，西高穴村一帶深厚的歷史背景可想而知。西高穴村不僅與漁洋村相鄰，村北先前還有古剎一處，名槐蔭寺，據說東漢就已存在。該村南尚有無名塚數座，當地人說已歷經千餘年的滄桑。北宋名相韓琦曾寫下「西山遺塚累累在，衰草寒煙幾度秋」的詩句。西高穴村往北跨過漳河，有當年曹操練兵的「講武城」。由此再往北去，便是著名的北朝墓群。自西高穴村東行約十五千米，還有曹魏至北齊時期的鄴城遺址。鄴城與西

3 唐際根〈漁洋村的傳說〉，《中國文物報》，二〇〇七年。

高穴村之間，有一條南北通衢的千年古路，文獻中稱為「車馬大道」[4]。二〇〇一年，中國社會科學院的一支考古隊曾發現過這條大道的路基，證實它與今天的一〇七國道基本平行。「車馬大道」兩側，同樣古跡眾多。

身處古跡包圍的西高穴村，自己的歷史根脈又在哪裡？做為七大古都之一安陽的一部分，這裡地勢高亢，應是亡人歸葬的佳壤。曾經活躍於安陽政治舞臺的名人，是否也曾魂歸此地呢？

一九九八年四月，西高穴村村民徐玉超在村西北取土燒磚，無意間發現一塊略呈方形的青石，石上刻有文字。此事傳到漁洋村的「土博士」龍振山耳中，龍振山趕忙找到徐玉超。看過青石後，龍振山大吃一驚：這不是一方墓誌嗎？

墓誌是古人死後的特殊隨葬品。它的作用是追記死者生平，因而成為考古學家探究死者身分最重要的物證之一。

龍振山先做了一張拓片，同時建議將這方墓誌交給文物部門。徐玉超接受了勸告。隨後二人攜帶著墓誌來到安陽市，找到當時分管文物工作的安陽市文化局副局長黨項魁和市文物工作隊隊長孟憲武。

青石上的祕密

龍振山和徐玉超帶來的墓誌，寬三十一．五釐米，高二十．七釐米，厚四．五釐米。

黨項魁和孟憲武與龍、徐兩人寒暄過後，便迫不及待地閱讀起墓誌上的文字。

墓誌上刻十四行、一百二十字。全文如下：

趙建武十一年，大歲在乙巳，十一月丁卯朔，故大僕卿駙馬都尉勃海趙安縣魯潛，年七十五，字世甫，以其年九月廿一日戊子卒，七日癸酉葬。墓在高決橋陌西行一千四百廿步、南下去陌一百七十步，故魏武帝陵西北角西行卌三步，北回至墓明堂兩百五十步，師上黨解建字子泰所安，墓入四丈，神道南向。

4　安陽市交通志編纂委員會《安陽市交通志》，人民交通出版社，一九九〇年。

墓誌的文字並不深奧，加上些許歷史背景知識，便可讀懂它的主要內容。

墓誌的前幾行，介紹了魯潛的生平。

建武，是歷史上著名的「殺人狂魔」、後趙皇帝石虎（二九五—三四九）的年號。按照墓誌所載，魯潛是勃海郡趙安縣人，死於後趙建武十一年（三四五），享年七十五歲。由此推算，魯潛應生於晉武帝司馬炎在位時的泰始七年（二七一）。其生平最好的年華屬於西晉時期。石勒攻取許昌時，已是不惑之年的魯潛降了後趙。

這方墓誌的主人是魯潛，按照習慣，便稱魯潛墓誌。

如果說這方墓誌的前半部分與文獻記載形成「互證」，並補充了魯潛的個人資訊，後半部分卻透露了一個驚天祕密。

敘述完墓主人資訊之後，墓誌開始描述墓葬的位置。

墓誌的後半段提及一個地點：高決橋。

高決橋顯然指某個地點。「高決」二字的發音，與今天「西高穴村」實在太相近了，使我們不得不相信後趙的「高決」就是今天的「高穴」。今天的西高穴村距漳河很近，高決橋是否會是位於今天西高穴村附近跨漳河的一座橋呢？

敘述了魯潛墓與高決橋的位置關係後，墓誌突然提及魏武帝，說魯潛墓在「故魏武帝陵西北角西行卌三步，北回至墓明堂兩百五十步」。

學過歷史的人都知道，魏武帝就是曹操。

魯潛墓誌的一番「套磁」，無意間透露了曹操陵墓的位置：即從魏武帝陵的西北角往西四十三步，再往北兩百五十步，即可到達魯潛墓的明堂。

四十三步是多遠？兩百五十步又是多遠？

按西晉前後的度量衡，一步為五尺，而一尺約相當於現在的二十四・一二釐米[5]。四十三步，即大概五十一・八五米。兩百五十步，大概等於三〇一・五米。

曹操墓就在魯潛墓明堂東南三百餘米的範圍內。

黨項魁、孟憲武看過墓誌，感到事關重大，又邀請時任中國社會科學院考古研究所研究員的筆者前來研究。筆者讀過墓誌，也認為其所言魏武帝陵很可能就是指曹操高

5 吳承洛《中國度量衡史》、《中國歷代尺之長度標準變遷表》中，魏：一尺合二十四・一二釐米；晉：一尺合二十四・一二釐米。商務印書館，一九五七年。

陵。

出於慎重，筆者和龍振山找來徐玉超，專程趕往魯潛墓誌發現地勘查。可惜現場早已被破壞，墓誌發現地點由於取土燒磚，變成了一個深近十米、面積達數千平方米的巨型土坑，要想找到魯潛墓的位置已無可能。龍振山說，一九九二年磚廠取土時，曾發現多座古墓。這些古墓都有一定規模，不像是平民百姓的墓葬。其中一座古墓距魯潛墓誌出土地只有八米左右，可能被盜過，只保存了死者骨殖、數枚「橋形飾」和數枚銅錢。龍振山猜測這裡原來可能是後趙時期的一處墓葬群，魯潛墓只是其中之一。

雖然魯潛墓本身沒了著落，但並不影響墓誌內容的價值。大家不希望事情就此沒了下文，便極力慫恿龍振山將墓誌在考古學界公布出來。龍振山本來就是個「土博士」，很快以手中的拓片為基礎，結合自己了解的情況，寫成了一份簡報，送到河南省文物研究所（二〇一三年起改稱河南省文物考古研究院）和河南省文物考古學會主辦的《華夏考古》[6]。為了這篇文章，龍振山改了又改。二〇〇三年，《華夏考古》終於將他的簡報登了出來。魯潛墓誌從此為考古學界更多人所知。

在簡報中，龍振山根據魯潛墓誌所提供的位置，直接推論曹操墓就在西高穴村南。

既然掌握了曹操墓的位置，為什麼安陽市文物部門不啟動發掘申報程式呢？這是因為法律方面的原因。

《中華人民共和國文物保護法》第一章第四條規定：「文物工作貫徹保護為主、搶救第一、合理利用、加強管理的方針。」這一方針，被業內稱為「十六字方針」。其中最重要的是「保護為主」。因此文物管理部門掌握的標準是：帝王陵墓原則上不得發掘。

二〇〇三年有關魯潛墓誌的簡報在《華夏考古》發表後，考古界沒有任何一個單位或個人主動提出過勘查和發掘曹操墓。原因正在於此。

然而考古學界的自律卻並不能擋住不法分子的貪婪。

沒過多久，盜墓賊盯上了西高穴。

6 有關魯潛墓誌的資料，見龍振山〈魯潛墓誌及其相關問題〉，《華夏考古》，二〇〇三年第二期。

第二節　文物局在左　公安局在右

初探西高穴

發現魯潛墓誌的考古簡報刊登出來的同一年，河南省文物局啟動了南水北調中線文物普查工程。安陽縣安豐鄉，是南水北調中線工程在河南境內的最北段。二〇〇三年啟動的文物調查工作，在安豐鄉的固岸村發現了一處重要墓地。這處墓地延續時間很長，最早埋入的墓葬可追溯到戰國時期，歷經兩漢、魏晉、隋唐宋，直至元明清，其中以東魏、北齊墓葬最多。

二〇〇五年，河南省文物局南水北調文物保護辦公室決定發掘固岸墓地。領隊為時任河南省文物考古研究所副研究員的潘偉斌。

二〇〇五年七月，做為固岸墓地考古隊隊長的潘偉斌再次來到安豐鄉。他最感興趣的是固岸墓地中的魏晉墓。要知道，魏晉時期的墓葬，以往考古發現並不多。

二〇〇六年五月，藉著和煦的暖風，豫北大地卸下肅穆的冬裝。千年滄桑被大片掩蓋，只有偶爾撕開綠色的黃土，提醒人們關注這裡的歷史。

西高穴村的男女老少如同往常，各自忙碌著活計。誰也沒有注意到有幾名陌生人朝村裡走來。

陌生人沒有進村，而是徑直奔向了村南的崗地。

這塊崗地高出周圍田陌將近四米，面積在二十畝左右。分田到戶的時候，它被分割給了十一戶人家耕種。這並不是一塊好地，地勢高，灌溉難。但千百年來與西高穴村真正息息相關的，正是這塊瘠薄之地。

來人是時任安陽縣安豐鄉黨委書記賈振林和河南省文物考古研究所固岸考古隊的潘偉斌等人。他們似乎奔著特定的目標而來。

來此之前，賈振林掌握著安豐鄉最新的盜墓線索。他告訴潘偉斌，安豐鄉西高穴村最近有一座大墓被盜，希望潘偉斌到現場對被盜古墓的價值做一次評估。

剛開始，潘偉斌有些猶豫。潘偉斌並不懷疑墓葬被盜的消息真偽。在安豐的日子裡，他晚上經常聽到沉悶的爆炸聲。後來才知道，這是盜墓賊在放炮。為此，他還隨同當地派出所去現場抓捕過盜墓賊。眼下他懷疑的是，賈振林說的這座被盜大墓有沒有那麼宏偉壯觀。固岸墓地的發掘工作正忙著呢。他決定先派考古隊員聶凡和任成磊去現場看看。臨行前他叮囑聶凡和任成磊帶上數位相機，以便拍幾張現場照片向他彙報。

西高穴村在固岸村西邊約數千米，但任成磊和聶凡隨同賈振林居然折騰了半天才回來。潘偉斌正埋怨，聶凡和任成磊卻破門而入。兩個小伙子二話沒說，直接將相機連在了潘偉斌的筆記型電腦上。等看到聶凡和任成磊拍回的圖片，潘偉斌幾乎打了個冷顫：這座被盜古墓使用了高規格的青磚構築墓室，墓主人絕非等閒之輩！他決定放下手頭的工作，親自去探訪這座大墓，於是便有了這次西高穴村之行。

潘偉斌一行人到了崗上，徒步勘探了一番，便奔向崗地西頭。崗地西頭是一處南北長超過兩百米、東西寬接近一百米、深達五米以上的大坑。這個大坑，是西高穴村村民徐鎮海等人燒製磚瓦時取土形成的。

二〇〇五年國家頒布政令保護耕地，磚窯停工。深陷的取土坑，成了犯罪分子的隱身之地。早在徐鎮海等在村南崗地西頭燒磚時，便有盜墓高手注意到了地下的異樣。這年除夕，有人利用村民放鞭炮的時候，用炸藥在坑內土質異常的地方炸開一個口子，發現地下三米處埋藏著一個磚墓。隨後盜墓分子便破墓而入，將墓葬大肆洗劫一番。

考古隊員有時會將盜墓賊稱為「發丘中郎將」或「摸金校尉」。「發丘中郎將」或「摸金校尉」這兩個名號，是三國時陳琳「賞給」曹操的。曹操是否真的設了這兩個官銜，已經沒有人知道。但在考古隊員心裡，盜墓賊是他們的天敵。

考古隊員痛恨盜墓賊，卻又不得不和他們打交道。今天之行，他們便是因為盜墓賊而來的。

潘偉斌等在西高穴村西的取土坑邊並未多作停留。因坑邊太陡，大家只好繞道下到坑底。

在靠近大坑內的東部斷崖處，賈振林停了下來。大家一眼便注意到了，地下有一個又黑又暗的深洞。賈振林一指那個深洞說：到了，就在這裡。潘偉斌低頭望去，只見盜洞約有一米見方，裡面黑乎乎的，於是趴在洞口仔細往裡看。發現盜洞底部向北有個斜坡，斜坡下部有一個更大的洞，洞的周圍隱隱約約有一圈青磚。再往裡看，什麼也看不到了。

西高穴大墓有兩座，這裡就是後來被稱為西高穴二號墓的大墓。

潘偉斌決定順著盜洞下去看個究竟。於是讓人找來繩索，將繩的一端拴在自己腰間，另一端請賈振林和任成磊等人拉住。

潘偉斌一手拿著手電筒，順著盜洞緩緩地下到洞裡。繩子下墜了三米左右，發現砌有一圈青磚的地方，正是古墓的墓頂。盜洞從墓頂的青磚穿越而過，再往下肯定便是墓室了。他留心了一下磚的尺寸，大約長五十釐米、寬二十五釐米，素面磨光。他很清楚，這種磚的年代遠不止千年，而且墓葬具有很高的規格。

潘偉斌決定進入墓室。他向地面的任成磊等喊

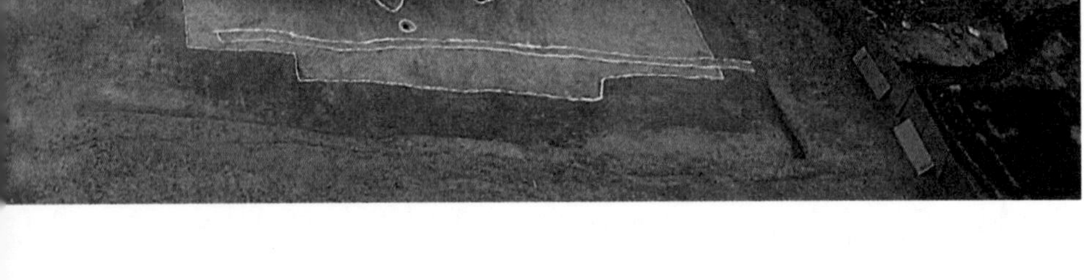

了幾句話，叮囑他們拉緊繩子。

有了同事配合，他順著盜洞向墓室下墜。向下滑行了四米左右，他隱約感覺腳下碰到了什麼東西，以為到了底，於是鬆開抓繩子的手，沒想到一下子摔倒，滾到了一個很深的土坑裡。回頭向上看時，洞口僅成了一個小小的亮點。

這時他距盜洞口已有八、九米，四周漆黑一團。他拿起隨身攜帶的手電筒，盡力讓自己的眼睛適應墓內的環境。過了一會兒他看清楚了：這是一座規模超大、規格極高的磚室墓。該墓的墓室不止一個，自己當前所處的位置僅僅是該墓的後室，還

[7] 引自河南省文物考古研究院編著《曹操高陵》，中國社會科學出版社，二〇一六年。本書圖片如無標註，均引自此書（編輯註）。

西高穴村的燒磚取土坑及坑內盜洞（圖中白線勾畫的半圓形標識處）[7]

有前室和側室。後室的砌法極為講究，頂部結構在考古學中稱為四角攢尖式。他從後室向前爬行，通過一個通道來到前室，發現前室的墓門居然還沒有被完全打開。

潘偉斌特別留意了一下墓葬被盜的情況，發現墓室內淤泥很多，許多地方有被翻動的痕跡。這使得他心情複雜起來。這座墓葬結構複雜，而且採用四角攢尖頂的結構，具備了王侯、甚至帝王級規格。魯潛墓誌記載附近有曹操墓，看來這種可能性的確不能夠排除。但他又心生遺憾，盜墓賊捷足先登，又一座重要的古墓遭到了洗劫。

潘偉斌沒有在墓內多停留，他攀出盜洞，一面叮囑同行的安豐鄉幹部立即將洞口回填，並派專人巡邏保護，一面決定及時將這次探訪結果向上級領導彙報。

賈振林急切地想知道潘偉斌對西高穴大墓性質的判斷。觀察了古墓結構的潘偉斌終於讓他感到慰藉。潘偉斌說，這至少是一座王侯級大墓，不排除曹操墓的可能。

潘偉斌的意見讓賈振林如坐針氈。這麼重要的一座大墓居然被盜，豈不是讓他這個書記難堪！他問潘偉斌能否進行發掘。潘偉斌搖搖頭，說考古發掘必須有國家文物局批准，否則即便是官方考古隊，擅自發掘也是違法的。

公安局的文物保衛戰

轉眼到了二〇〇八年春天，安豐鄉的賈振林書記再次來到固岸考古隊駐地，找潘偉斌通報了一個重要資訊：西高穴大墓又發現被盜的痕跡。

原來安陽縣接到省、市文物局關於加強西高穴大墓保護工作的通知後，指示當地鄉、村幹部按文物部門的要求，將盜洞口回填，並派專人巡邏，希望以此阻止盜墓活動，但實際操作中很難執行到位。二〇〇七年年底，一支由十二個人組成的「盜墓小組」，拿著手電筒、木棍、麻繩及挖土的鋼筋等，通過已有的盜洞，再次進入了墓室。賈振林通報的最新被盜痕跡，正是二〇〇七年年底的盜掘活動留下的。

潘偉斌又一次來到西高穴大墓，這次他注意到墓室內的淤土比過去高了許多。之前他下到墓室中，足底著地處距盜洞口還有四米深，現在連三米都不到，說明墓室內堆了更多的淤土。這些土是從哪裡來的呢？原來，盜墓賊每次盜墓，都會順著舊的盜洞，把以前洞口的回填土推到洞穴中。墓室中的堆土，也就越淤越高。可見一年多來，前往盜掘西高穴大墓的不法分子並不止一批。

大墓後室頂部的兩個大盜坑，是每個考古隊員心中的痛楚。沒有人知道究竟有多少盜墓賊從這兩個盜坑中下到墓室，更無從知曉有多少件文物從這兩個盜洞中流入不法市場。

做為主管業務工作的省文物局副局長孫英民，為墓中文物的流散憂心忡忡，多次要求安陽市公安局儘快成立專案組、儘快破案。安陽市、縣兩級領導也意識到墓中文物流失已是一項巨大損失，責成公安部門儘快成立專案組，專門負責此墓葬被盜案件的偵破工作。

安陽縣那些年的盜墓活動的確十分猖獗。早在潘偉斌發掘固岸遺址時，盜墓活動便已經氾濫。據安豐鄉固岸村村主任張清河說，二〇〇七年，他才當上村主任，就不記得跑了多少趟派出所了。因為常有派出所通知，村民因盜墓被抓，民警叫他去認人。

二〇〇八年春，考古隊正式向安陽縣警方提出請求，要求對西高穴大墓流失和被盜文物進行追繳。反盜墓戰全面打響，並且力度越來越大。

文物收繳取得的成果，包括可拼接的石壁一塊、畫像石三塊、石枕一件、刻字石牌一塊。

收繳的石璧是斷成三截的「半璧」。後來這半塊璧居然和西高穴二號墓中發掘出來的另外半塊璧可以相互拼接，讓人在五味雜陳中聯繫起「完璧歸趙」的成語。

收繳的三塊可拼接的畫像石材質相同，拼合之後圖案完整，構圖分上、下兩部分。

上部：最左端有兩位老者席地而坐，人物上方題刻有「首陽山」三字，其前有一行人物對兩位老者揖拜。兩位老者加上「首陽山」三字，自然讓人聯想起伯夷、叔齊的故事。右邊為一行人物，題刻有「主簿車」、「紀梁」、「侍郎」等字，表達的是紀梁（杞梁）妻哭夫的故事。

下部：中間是一座橋梁，橋下游魚穿梭，天空中有鳥飛行。橋上有車一輛，橋兩邊為人對攻廝殺的場面。車的右上方題刻有「令車」二字。橋下中間一人落入水中，表情驚慌失措，其右上方題刻有「咸陽令」三字。他兩邊各有一條小船，船上有兩人，一人駕船，一人持兵器向落水人進攻。面對進攻，落水人手足亂舞、不知所措。

此內容多見於東漢時期墓葬畫像石中，表現的是「七女復仇」的故事。

關於這三塊殘塊組成的「畫像石」內容，民間還有另一種解釋：主題是垓下之戰。這種解釋認為畫面內容分上、中、下三層，而不是兩層：第一層講的是項羽問路，被農夫誤導進了沼澤；第二層描繪垓下之戰期間，項羽把他的隨從分為四隊，朝著四個方向突圍；第三層表現項羽和烏江亭長說話的情景，亭長勸說項羽搭船東渡，項羽不願意。

民間解讀猜測成分較多，顯得十分牽強。一則項羽問路不可能問到首陽山去；二則中間的項羽突圍也有不妥，因為根據文獻記載，項羽是騎馬征戰的，不應該乘車；下部更不會是烏江亭長勸說項羽東渡的場景，其題刻明確告訴大家是「咸陽令」。項羽怎麼會搖身一變成「咸陽令」呢？

收繳的石枕為青石質，正面中間為一很深的凹槽，恰能放下人的脖頸。凹槽中間高，前後略低，很符合人脖頸的生理特徵；石枕的背面平整、中間刻字，內容為「魏武王常所用慰項石」九字，字體為漢隸八分體。字體規整，筆劃遒勁有力。

收繳的石牌呈圭形，青石材質。上有穿孔，孔中有銅環，環上連一銅鏈。正面刻「魏武王常所用挌虎大刀」十字。字體與石枕上的一樣，均為漢隸八分體。二〇〇八年三月有人從黑市購買的，據說出自西高穴大墓。時任安陽市文物考古研究所所長的孔德銘知道後，前往了解情況，並勸說此人將這件文物交給了國家。

畫像石和石牌等文物雖屬收繳，沒有了原生資訊，但案犯對文物出自西高穴大墓內供認不諱。更重要的是，這幾件文物的石料與後來發掘出土的墓內文物完全相同，其文物特徵與出土物高度一致，文字、用語習慣及句法完全一樣。因此均可排除其造假的可能性。

文物局的兩難抉擇

早在二〇〇五年，潘偉斌初探西高穴後，回到鄭州將探訪西高穴大墓的情況向河南省文物考古研究所領導做了彙報。時任所長孫新民、副所長張志清聽取了彙報。

彙報的內容顯然深深地打動了兩位所長。

西高穴大墓是否與曹操有關尚無法斷定，但這麼高規格的一座古墓，由於取土坑移去了表土，墓頂暴露在外，盜洞豁然敞開，縱使派人日夜值守，也難以防範。天長日久，不僅墓內文物無存，甚至墓葬結構也會遭到破壞。

孫新民、張志清討論再三。最終決定將情況報送河南省文物局，申請對該墓進行搶救性發掘。

很快，一份「考古發掘申請書」送到了省文物局。負責業務工作的副局長孫英民看到了報告。

此時的孫英民，尚未親往西高穴大墓現場，只能通過上報材料中的相關描述做出判斷。他雖然注意到上報材料中的古墓正面臨被盜風險，仍然堅定地否決了發掘申請。按照政策，如此高規格的大墓原則上不能批覆。更何況他批覆之後，文件還要送到國務院文物行政部門審批[8]。他必須為國家把住第一道關。

孫英民當然擔憂古墓的安危。他通過河南省文物考古研究所通知安陽縣地方政府，務必派人將已有的盜洞回填加固，同時日夜巡護，確保墓葬萬無一失。

發掘西高穴大墓的想法，不得不暫時擱置下來。

二〇〇八年初秋，安豐鄉派出所抓獲了一批盜墓賊，又從盜墓賊手中追繳了一塊比較完整的畫像石。安陽縣政府請潘偉斌對追繳回來的畫像石進行鑑定。潘偉斌判斷這是塊典型的東漢畫像石，如果它真來自西高穴大墓，說明該墓葬已經岌岌可危。如果聽任不法分子繼續盜掘，特別是將來雨水進入墓室，墓室很快就會坍塌。一種巨大的擔心和憂慮，一時壓得他喘不過氣來。

賈振林懷著與潘偉斌同樣的心情。他拉著潘偉斌，給時任安陽縣人民政府縣長的徐慧前送去一份書面材料，詳細彙報了西高穴大墓面臨的危險。報告強調，雖然安豐鄉政府加大了對盜墓分子的打擊力度，但是仍然不能有效地阻止盜墓分子對它的破壞，從二〇〇六至二〇〇八兩年時間內，安豐鄉派出所先後破獲盜掘此墓葬案件四起，抓獲盜墓賊二十多人。

徐慧前縣長收到報告，建議潘偉斌向省文物局和國家文物局再次提出搶救性發掘申請。

隨後潘偉斌趕回鄭州，他要當面向省考古所領導報告情況。河南省文物考古研究所孫新民所長聽取彙報後，與副所長商議，決定馬上將新情況書面上報省文物局，同時申請搶救性發掘西高穴大墓。省文物局接到報告後，立即召開了局長辦公會，會上決定由安全處負責文物安全工作的李培軍同志，帶領文物鑑定專家、考古專家奔赴現場，回來後立即向局領導做了彙報。

8《中華人民共和國文物保護法》第三章第二十七條規定：「一切考古發掘工作，必須履行報批手續；從事考古發掘的單位，應當經國務院文物行政部門批准。地下埋藏的文物，任何單位或者個人都不得私自發掘。」

孫英民聽取了李培軍的口頭彙報，看到省考古所的材料，意識到情況的特殊性。按國家政策，像西高穴大墓這樣的王侯級大墓，原則上是不能批准發掘的。但情況果然如彙報材料所言，則又必須做出決斷。

孫英民陷於兩難境地，他決定去西高穴村看個究竟。他到現場一看，深感墓葬的被盜程度遠遠超出想像，如果不採取發掘措施，只怕很難保證大墓的文物和結構安全。如果批覆發掘，也許還可以將大墓的現有結構和現存文物保存下來。

回到鄭州，省文物考古研究所正好送來再次申請發掘西高穴大墓的「考古發掘申請書」。孫英民這回沒有多想，直接在申請書上簽了字。

這是一個被迫的決定，正應了《中華人民共和國文物保護法》文物保護方針中「搶救第一」的四個字。

申請書通過電子申報系統送到國家文物局。國家文物局了解情況後，於二〇〇八年十一月同意了河南省文物考古研究所發掘西高穴大墓的請求。河南省文物局隨即責成河南省文物考古研究所，組織對這座古墓進行搶救性發掘。

一場震動全國的考古發掘正式拉開序幕。

第二章 挖出「四室兩廳」

第一節 考古隊來了

二〇〇八年十一月七日，考古隊正式成立。出任考古隊隊長的正是潘偉斌。考古隊的成員，除了河南省文物考古研究所的專家，還增加了安陽市考古研究所的成員。後來的發掘過程中，鄭州大學和南京大學考古專業的學生也參加了進來。

河南省文物局和省考古研究所給專案確定的名字是：安陽縣西高穴漢魏墓地。專案名稱的確定大有講究。首先，專案避開使用「曹操墓」的提法。發掘完成之前自然誰也無法確認墓主就是曹操。其次，專案並不以已經因為盜墓而鬧得滿城風雨的那座西高穴大墓為唯一目標，而是「漢魏墓地」。專案名稱，體現了考古部門的科學態度。

對於發掘西高穴大墓，潘偉斌早就躍躍欲試。自從第一次通過盜洞進入墓室後，他便開始考慮墓主身分的問題。他不僅著手研究西高穴大墓的周圍環境，同時還多次前往魯潛墓誌出土地點考察。根據所掌握的文獻材料，他感覺西高穴大墓應與曹操有關。二〇〇七年，他應臺北《故宮文物月刊》之邀寫了一篇文章，刊登出來的標題居然是「曹操高陵今何在」。在文章中，他考證了曹操的生平、有關歷史傳說，認為曹操當年的埋葬地點，只能在豫北漳河南岸的西高穴村附近，甚至直接指向這座大墓。

安陽市和安陽縣有關單位聽說，國家文物局批覆了西高穴大墓的發掘申請，非常興奮。為保證考古隊發掘順利進行，徐慧前縣長專門指派時任

洛陽鏟勘探工作照

安陽縣副縣長的馮家芳負責協調工作。安陽縣領導，特別是縣文物部門，為考古隊的發掘提供了全方位的支援和配合。

考古隊是二〇〇八年十二月六日到達安陽的。

考古隊第一階段的工作，是對墓葬所在地帶進行鑽探。

中國人的傳統是不讓死去的祖先「獨守孤墳」。考古隊深知「墓葬」與「墓地」的關係。發掘前對墓葬所在地進行大面積勘探，早已成為多數考古人的習慣。

潘偉斌劃定了鑽探範圍。考古隊幾名熟練的技術員帶領從當地徵用的民工，先對地表進行了簡單清理。

考古隊雖然使用了磁力儀或電阻儀等科技設備，但主要勘探工具仍然是「洛陽鏟」（探鏟）。「洛陽鏟」是約一百年前河南的盜墓賊發明的，但考古隊員們對這種半圓形鏟頭的工具情有獨鍾，即使今天，它仍然是考古隊員在中原黃土覆蓋地區鑽探古墓的首選工具。

鑽探開始不久便有重要發現。技術員們手中的「洛陽鏟」探出了大面積夯土。夯土層理分明、結構密實。這種夯土顯然是人力作用下形成的。隊員們將鑽探結果標在圖上，兩座帶墓道的古墓輪廓清晰地顯現了出來。

崗地北側的墓葬平面呈「菜刀形」，墓道朝東，長約數十米。墓室的後部延伸到了崗西頭的大型取土坑中。

崗地南側的墓葬與北側「菜刀形」墓平行，相距僅三十米，但墓葬規模比「菜刀形」墓葬大得多。該墓的墓道朝東，墓室的一部分同樣延伸到了崗西的大型取土坑內，整體平面形如漢字中的「甲」字。

對於「甲」字形墓，考古隊員實在太熟悉不過了。「甲」字形墓是中國古代常見的一種高規格墓葬。在世界文化遺產——安陽殷墟遺址，便發現過數十座「甲」字形墓。

出於記錄的需要，考古隊將位於北側的「菜刀形」墓編為一號墓；將南側的「甲」字形墓編為二號墓。潘偉斌按比例計算了一下，二號墓的總面積達八百多平方米。

兩座墓葬的平面形狀確認後，考古工作進入第二階段。

第二階段的工作如何進行才最合理？這麼大的工程，如果有失誤誰來負責？潘偉斌承受著巨大的心理壓力。

他設計了多種發掘方案，最終決定採用大面積布探方的辦法。

探方是考古發掘中用來控制地層和精確記錄出土遺跡、遺物位置的自設坐標系統。探方面積一般為5×5平方米，根據不同需要，可適當放大或縮小。在探方的東邊和北邊各留寬一米的隔梁，東北角1×1平方米為關鍵柱，隔梁和關鍵柱是最後清理的部分。這種方法是二十世紀初英國人惠勒發明的。中國考古學家們將其借鑑過來，應用到中國的發掘實踐中，已被證明行之有效。考古隊先在工作區內布上探方，每個探方都呈正南北向，邊長都是十米。潘偉斌自己心裡清楚，他所布置的探方，已經完全將兩座大墓覆蓋在內，而且東、南、西、北都留出了清理空間。

考古隊按照操作程序，先逐個將探方移除表土。這裡的表土，主要是現代的農耕土。

表土移除之後，潘偉斌與隊員們仔細研究了地層變化（通常下層堆積的年代早於上層，地層可幫助考古隊員判斷大致的時代），認為已經到了兩座大墓埋藏入土時的地面。於是潘偉斌指示考古隊員挖掉各個「探方」之間的「隔梁」，將全部探方連成一片。他知道，這時候最重要的工作，是將各個探方內發現的考古現象關聯起來，做綜合分析。

經過仔細地鏟、耐心地刮，兩座大墓的神祕面紗逐漸被揭開。這兩座墓範圍內填土的土質和土色，與周邊的明顯不一樣。由於墓內填土中摻雜有大量料姜石（古人防盜墓用的石頭），並經過打夯，墓形範圍內的填土顏色偏白、土質堅硬，而周邊的土顏色偏暗、較為鬆軟。因此，兩座墓的輪廓很容易被確認下來。

考古隊員運來幾百斤石灰，讓工人按程序鏟平已經挖開的工作面，凡見土質、土色有異常者，都用石灰標識出來。

二號墓平面呈「甲」字形，呈現的結構與鑽探結果無異。到了這一階段，墓葬的尺寸已經可以準確測量了。

整個墓道長三十九．五米、寬九．八米。墓室部分平面呈「凸」字形，近墓道的東端寬二十二米，遠離墓道的西端寬十九．五米，而墓室東西之間的最大長度約十八米。將墓道與墓室面積相加，二號墓總占地面積大致是七百四十平方米。

二號墓的墓道周邊，排列著數十處形狀特殊的封閉幾何形土塊，是鈍角曲尺形和長方形的組合體，由於鈍角曲尺形的土塊形狀酷似古代樂器中的石磬，考古隊員稱它們為磬形坑。大家觀察了一番，發現了其中的規律。

原來這些「遺跡現象」南北對稱，而且兩兩相對。如果墓道北側某個地方發現有磬形坑，墓道南側也會出現一個形狀相同、方向相反的磬形坑。每個磬形坑凹處都環抱著一個近似長方形的坑。潘偉斌與隊員們簡單討論了一下，心裡已經有了答案。他知道，漢代墓葬的周圍，往往會有埋藏祭品的祭祀坑。但未發掘之前，這些坑的用途還不便妄下結論。

這些不規則「遺跡現象」的外側，發現了數十個柱洞。

柱洞是考古學描述遺跡現象的常用詞彙。所謂柱洞，是古代曾經立有木柱，木柱朽爛後形成的痕跡。換句話說，凡有柱洞的地方，過去曾經立過柱子。

二號墓的柱洞直徑都在三十釐米左右，柱洞之間的間距有明確的規律。它們以墓道的中線為中軸線，南北對稱。其中墓道前部（東部）的圓洞相對比較密集。墓道南北兩側則各只有一排。這些柱子南北相距十五米左右，跨度如此巨大，是否與入葬時的喪葬儀式有關？潘偉斌在心裡打下了深深的問號。

二號墓的墓室頂部也發現有兩個圓洞，與墓道兩邊柱洞不同的是，這些洞周圍為碎磚砌成，兩個洞南北對應，相互間的距離大約有八米，柱洞的直徑則達到〇・五米。有趣的是，這兩個洞的位置與墓道的兩條邊相對應。後來經過發掘，發現這兩個洞非常深。究竟這兩個洞是何用途？潘偉斌心裡又多了一個疑問。

清理出來的平面，除了上述各種遺跡現象外，也有一種「遺跡現象」是考古隊最不願意看到的。這就是二號墓墓室後端的兩個盜洞。因為移走了表土，兩個碩大的盜洞非常刺眼地暴露在大家眼前。有了這兩個盜洞，墓室內的隨葬品肯定流失了不少。

從平面上掌握好各種遺跡現象，是下一步發掘的前提。考古發掘之所以與盜墓不同，區別之一便在於此。

潘偉斌一面安排對清理出來的各種遺跡現象進行測繪、一面請求設在安陽的國家體育總局的航空運動學校派一架直升機前來支援，拍下了兩座墓葬輪廓的俯視照片。

在鄭州忙碌的孫新民聽說西高穴兩座大墓的平面遺跡關係已經清理出來，也暫時放下手中工作，趕到西高穴指導發掘。隨同他前來的，還有省內外多位資深研究員。

做為領導的孫新民深知此時潘偉斌身上的壓力。發掘這兩座墓葬工程量巨大自不消說，將來在社會上產生的影響恐怕也將不可小覷，發掘工作若有半點差池，如何向省文物局交代？如何向社會交代？專家們此次前來安陽的目的，便是為西高穴大墓的發掘獻計獻策。

二〇〇九年四月六日，一次「考古發掘諸葛亮會」在安陽召開。會上，潘偉斌向專家們彙報了已經取得的發掘成果，並提出了下一階段的工作方案。專家們認為安陽西高穴漢墓規模較大，被盜掘出土的畫像石等文物精美，反映出墓主身分的尊貴。專家們同時指出，雖然一號墓的情形與二號墓類似，但是兩墓相較，必須有一個工作重點。考慮到二號墓已經多次被盜，考古隊員事先又已進入墓室調查，而一號墓的墓室情況不明，因此應該先發掘二號墓，為日後發掘一號墓積累經驗。專家們同時建議，打開墓室之前，必須先搭建發掘保護棚，將一號墓和二號墓置於棚內，以保證安全。

二號墓的發掘，不是一個簡單的問題。

究竟是先清理墓道兩側的磬形坑或方形坑，還是置這些「遺跡現象」於不顧，直接發掘墓葬？最終，大家決定先擱置墓道兩旁的遺跡。

考古學對於帶墓道的墓葬，通常有兩種挖法：一種方法是先打開墓道，從墓道進入墓室。這種挖法可以保持墓葬原貌，缺點是速度慢，有可能因為墓室保存狀況較差，出現塌方的危險；另一種方法是直接揭去墓頂。這樣的好處是可以防止發掘過程中墓葬坍

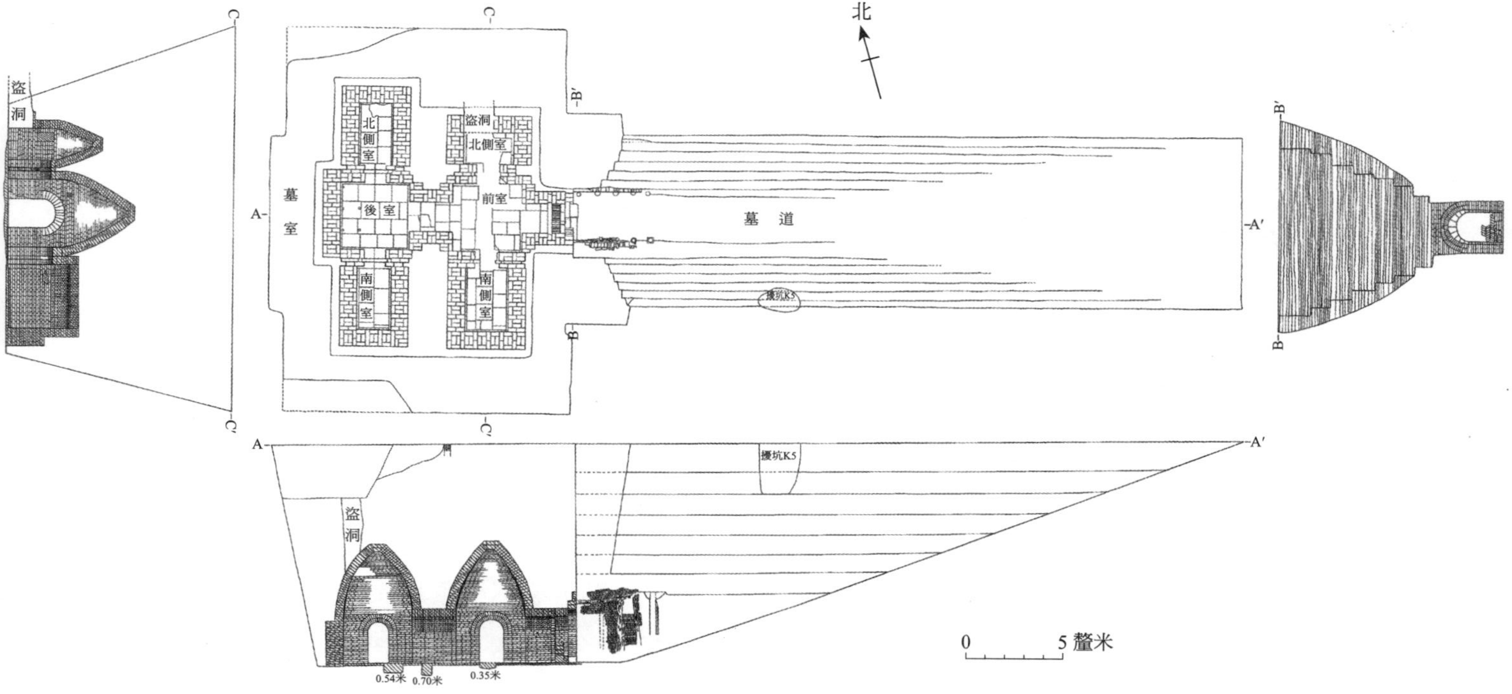

西高穴二號墓平、剖面圖

塲，工作進度較快，缺點是會破壞墓葬結構，而且無法了解墓道內的情況。

潘偉斌提出採用第一種方法，先發掘墓道，獲得學者們認同。

第二節　神道朝東

正式的發掘開始於二〇〇九年四月八日。這時天氣轉暖，大地已經返青。按照計畫，發掘從墓道開始。勘探已經確認西高穴二號墓的墓道朝東，發掘探方自然將其整個覆蓋在內。墓道係用夯土層層夯築，致使發掘過程單調而漫長，清理起來，簡直是鐵杵磨針。

考古隊似乎每天都在緩慢地重複著同一件事，但的確又不敢貿然加快節奏。他們擔心遇到祭祀坑一類的遺跡。自商周以來，古人很喜歡在墓道中放置隨葬品，尤其喜歡殺殉一些動物。這樣的例子在商周墓葬中太多了。

二號墓沒有發現墓道中有殺殉動物或放置隨葬品的現象。現場清理出來的墓道呈斜坡形，全長三十九·五米，坡度大概四十五度，這是一個很陡的坡度。當年為墓主人挖墓穴時，墓室中的土大都是通過這條墓道運出來的。

由於填土緻密堅硬，發掘難度極大。特別是經太陽一曬，更是堅固異常。工人們掄圓了洋鎬砸下去，在地面上只產生一個小白點，雙手卻震得酥麻。

二〇〇九年五月，大部分墓道已經被清理出來。發掘進入新的階段。

這一天，考古隊員在墓道的西端，距地表九米左右靠近墓室的地方，突然發現幾塊側砌的青磚。不多一會兒，另一側也發現同樣砌法的青磚。

經驗豐富的考古隊員們並不急於將青磚取出，而是將這些磚留在原位不動，反而將磚前的填土清理出去。原來這些青磚是墓門兩側墓道護坡牆上的。

墓道護坡牆的出現，使隊員們意識到清理工作已經接近墓室的主入口。

考古隊員興奮之餘，不免又緊張起來。潘偉斌將電話打到鄭州，向省考古所領導徵求進一步工作意見。孫新民、張志清將情況向省文物局做了彙報。做為主抓業務工作的孫英民，此時考慮的已經不只是發掘本身，墓葬的保護也進入了他的視野。他與時任河南省文物局局長的陳愛蘭商量，決定以省文物局的名義組織另一場專家座談會，討論發掘面臨的新情況，並為發掘之後的文物保護制訂方案。

六月四日，河南省文物局聘請來自北京、鄭州等地的專家到安陽，先參觀發掘現場，隨後召開了西高穴大墓發掘以來的又一次重要會議。會上，專家們設想了多種情況，提出了數種預案。大家認為，墓道清理工作結束後，如果墓門保存完好，任何人都不得隨便打開墓門，要根據墓門受損情況，先制訂出打開墓門的方案，同時提出墓內文物遺存的保護方案，方可進入墓室。

發掘仍然緩慢但有條不紊地進行著。

這天，考古隊像往常一樣，在墓門前清理墓道填土。突然有人感覺腳下有踏空的咚咚聲。潘偉斌趕緊招呼大家閃到一邊，然後用鐵鍬向下用力一捅，一塊泥土突然掉了下去，一個幽暗的洞口出現在大家面前。通過此洞，俯身向內望去，只見墓門的封門磚已經被打開了，墓門前空空的。

潘偉斌心裡一涼：完了，徹底完了！

根據以往的經驗，即使墓葬被盜空，墓門外的墓道裡，往往會有一些隨葬品。現在看來，墓門前的墓道部位要找到若干劫餘文物的希望也沒了！

墓門前大家一無所獲。

潘偉斌還不甘心。他決定清除被填土封閉的盜洞，從盜洞再次進入墓室。他要親自看看墓門周圍的盜掘情況。

他頭戴安全帽、攜帶手電筒，通過盜洞，再次被同事用繩子拉著墜入了幽深的墓室內，爬過前後室之間狹長的甬道（不設門的過道），來到前室。眼前的情景讓他一陣心痛，墓門已被徹底破壞，封門磚散落於前室，早已不是他上次進入墓室的景象。

原來，盜墓賊通過後室的盜洞進入墓室，從墓室內部將墓門打開，然後對墓門前的墓道部位大肆挖掘，形成了一個很大的空洞，而且盜洞打破了墓道兩邊護坡磚牆的底部，分別向南北兩處延伸。

為了準確掌握盜洞的情況，他穿過墓門，直接進入盜洞。其實，這樣做是非常危險的，因為盜洞上部的土層已經很薄，懸在頭頂，隨時都有坍塌下來的危險。

他俯下身子，全身心地察看著盜洞深處的情況，突然身後傳來一聲驚呼，隨即被人一把從盜洞中拽了出來，摔倒在墓門口的甬道內。他正要對拽他的人發脾氣，一塊巨大的土塊從上面呼地砸了下來，正好砸在他剛才所在的位置。好玄啊！潘偉斌出了一身冷汗。

考古隊員們悻悻地將盜墓賊丟棄在墓門附近的殘磚清理出來。墓門就這樣被打開了。嚴格地說，它不是考古隊「發掘」出來的，而是貪婪的盜墓賊破壞至此。

墓室的門道呈拱形，外側是三道磚牆，磚牆後才是石門。整個門道厚度達到一．二米。石門的材質非常堅實，但仍然被打碎成了數塊。

潘偉斌機不可失地安排技術員對墓門進行了測量、繪圖、照相，通過測量知道，墓門底部距地表的垂直深度是十三米左右。換句話說，當年二號墓的墓室，由地表往下挖了約十三米。這個簡單的算術，每個人心裡都算了一遍。

封門磚和碎石塊被清除後，考古隊員清理了墓門周圍和甬道內的填土。此時堆在墓室內的泥土暴露出來，占了墓室內空間高度的一半，足有三米厚。此時，潘偉斌明白了為什麼前室內會有那麼多的浮土，這些土絕大部分是盜墓賊在盜挖墓門外墓道下部時倒進墓室內的啊。

接下來是發掘最為關鍵的階段：清理墓室。

潘偉斌讓考古隊休整了兩天。他要制訂一個發掘墓室的詳細計畫。

他的計畫是先清除盜墓賊擾動過的浮土，然後再處理墓室底部的淤土。這樣可以分清楚哪些是盜墓賊動過的地層、哪些是早期保留下來的自然堆積層。考古發掘需要對這些不同地層中出土的文物分開包裝，以區別被擾動過的文物和未被擾動過的文物。他同時決定對墓室內的所有土都進行網篩，然後做淘洗浮選，寄希望於通過這種更細緻的工作，盡可能多地收集劫餘文物，包括那些細小的、肉眼很難找到的文物。

各種設備很快到位。發掘重新啟動。

清理浮土花了差不多兩個月時間。除了浮土內偶然出土若干畫像石殘塊外，這段時間考古隊沒有什麼值得稱道的發現。

終於只剩下墓室底部的早期淤土了。墓室的內部結構也完全呈現出來，這是一座典型東漢形制的墓葬。用考古的「行話」說，這是一座「前後室各帶雙側室的磚室墓」，但若換成「人話」，可以簡單地理解成「四室兩廳」。即前廳、後廳；前、後廳以甬道相連，並各帶兩個側室。

考古隊所有人都明白，接下去的發掘，才是整個西高穴大墓發掘的高潮。

前面已經提到，二號墓的墓室，從地表的平面看呈「凸」字形，前端寬二十二米，後端寬十九．五米。前後室之間的距離是十八米，總面積近三百八十平方米，而由底部至頂部六．五米。換句話說，二號墓的墓室，就是在這樣一個空間範圍內建成的。

整個墓室用大型青磚壘砌。青磚長〇．五米、寬〇．二五米，質地緻密，顯然是專為建造這座墓而燒製的。墓室分前室和後室，兩室之間以拱券頂的甬道相連。前室和後室的南、北兩側，又各帶一個側室。主室與側室之間有拱形門相隔。為描述方便，我們將不同部位的空間分別命名為前室、前北側室、前南側室、甬道、後室、後北側室、後南側室。

任何人進入墓室，都能感覺到空間和結構帶給人的震撼。第一印象是滿地鋪石，極為平整，鋪地石之間縫隙極小、縱橫成行、規整潔淨。先前來到墓室的盜墓賊洗劫完墓室隨葬品後，可能懷疑墓室的地面以下還藏有寶珠，曾將多塊鋪地石撬開。因此考古隊不僅能夠測量鋪地石的長度和寬度，還可以測量其厚度。所有鋪地石都用堅硬的石灰岩鑿成，除個別鋪地石外，絕大部分鋪地石的尺寸都長〇．九五米、寬〇．九米、厚〇．二米，非常規整。墓室的頂部用楔形磚修砌。所有磚都是專門燒造的。

第二印象是墓室牆體寬厚。

墓葬的外牆分三層，墓室內各室之間隔牆的寬度也都在一米以上。照此計算，三百八十平方米的空間，建築面積占了近一半。這樣的建築，難道不是現實生活中的「高牆深院」？

第三個印象是墓內高大寬敞。

每個墓室的大小

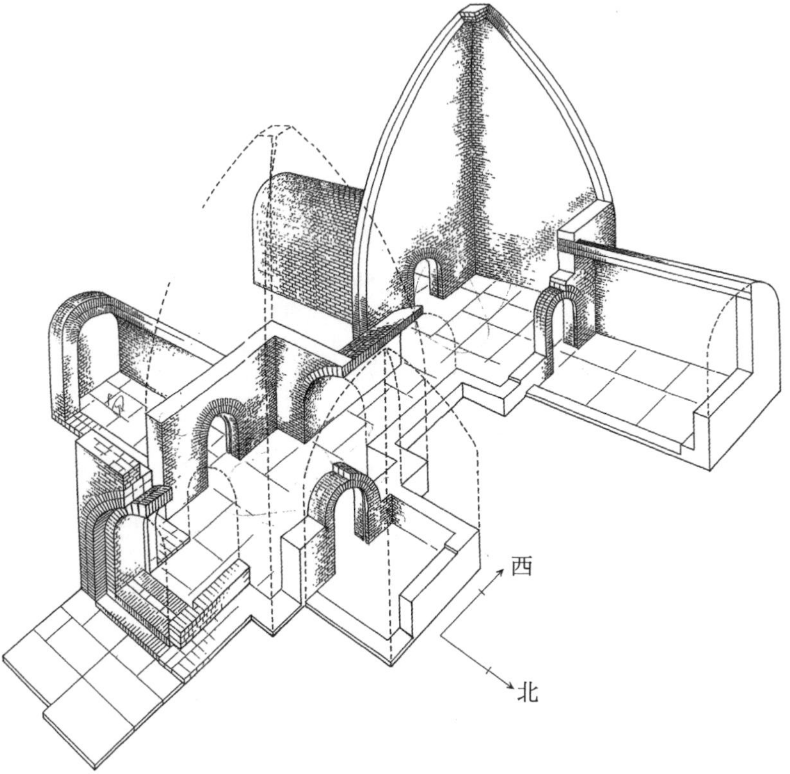

「四室兩廳」墓室結構圖

和形狀並不一致。其中前北側室的平面為東西向長方形；其餘三個側室平面呈南北向長方形。前室和後室做為墓葬的主室，比四個側室更為寬敞，例如前室，長、寬各約三．九米，面積近十六平方米；後室比前室還略大。主室和側室之間門道的中部周側，留有很寬的門框縫，說明四個側室與主室（前室、後室）之間，都有寬厚的墓門封閉。

墓葬的前室、後室和前室的北側室，都採用「四角攢尖」頂的形制修築。從鋪地石面到頂部的高度，前室六．五米，後室六．四米，比現代兩層樓房還高。住城裡社會宅的人有很強的空間概念，六米以上的空間足以讓人體驗到空曠。前室的南側室及後室的兩個側室，採用的是普通券頂，高度相近。雖然沒有其他墓室空間高大，但人進入其中仍然感到其寬敞空曠。

第四個印象是牆面沒有壁畫，只是先敷了一層泥，然後以石灰精心抹平，因而在結構盡顯高貴的同時，透出一絲簡樸。

墓室內淤土的清理是更為細緻的工作。

按照考古操作程式，清理出土過程中的每一個步驟都必須事先規劃。每一件文物的出土都必須有詳細記錄，給出編號，測量其三維坐標，並標記在平面圖上。

最初的日子，考古隊員幾乎每天都在處理浮土，並未發現文物，大家不免有些失望。

十月十二日，情況突然有了轉機。考古隊員在前室的前部，忽然發現一枚人頭骨。頭骨雖然被壓裂，但形狀基本完整，顱骨壁厚，結節發達。它埋在淤泥中，附近未見棺木，看起來是被人移位到此的。

潘偉斌一陣興奮。他相信有了這枚頭骨，就能證明這不是座空墓，更不會是「衣冠塚」。這座大墓有它的主人。

接著幾天，好消息從其他各個清理地點傳來。考古隊陸續發現了幾件陶器和鐵器。最漂亮的是鐵鎧甲，魚鱗狀的鎧甲片出土時鏽結在一起，周邊還散落了大量鎧甲片。從出土現狀判斷，鎧甲原來應該懸掛在木質架子上，出土時顯然木架已經朽沒。

一同發現的還有殘斷的兩柄鐵劍和一把鐵刀。

十月二十一日，對於潘偉斌來說是個難忘的日子。一名考古隊員在後室清理淤土時，忽然遇到一塊殘斷的小石牌。她用小毛刷輕輕刷了兩下，見上面好像殘存有半個字，她趕緊將此事報告了潘偉斌。潘偉斌過來認真瞧了瞧，感覺像半個「魏」字。

魏？魏武王？曹操？

他想起自己見過的那塊流落在安陽民間的「魏武王常所用挌虎大刀」石牌，感覺兩者材質一樣，大小形狀也完全相同。

難道說傳說中盜墓賊盜掘的石牌真的是從這座墓中出土的？

潘偉斌一陣欣喜。他登記了石牌的出土坐標，同時開了個現場會。他要求考古隊員在任何一個清理點上發掘時，必須有兩個人在場，一個人負責清理，另一個在附近負責監督，確保文物安全。

重要發現接連傳來，在很短的時間

西高穴二號墓前室男性頭骨清理現場

內，接連出土了五塊石牌。

這些石牌有的保留了其上半部分、有的保留了其下半部分，但是沒有一塊是完整的，這不免使隊長潘偉斌感到有點遺憾。

他再一次回到鄭州，向時任河南省文物考古研究所副所長的賈連敏彙報了他的新發現，並談了自己對墓葬的分析。賈連敏按捺不住激動的心情，帶著他直接找到所長孫新民進行了彙報。

孫新民所長同樣興奮異常。他說，墓葬被盜得如此嚴重，能有這幾塊石牌就可以了，你們的工作總算是沒有白幹，即使沒有其他的發現，也足以說明問題。

令他們沒有想到的是，更大的發現還在後面。

十一月八日下午四點，考古隊員尚金山和信應超在前室的甬道口處，清理出一塊石牌，當時有字的一面朝下，上面沾滿了泥土。

已經見識過其他殘石牌的兩位隊員有些激動，這可是塊近乎完整的石牌！因而他們內心充滿期待，也許這塊相對完整的石牌會有更多的文字！

回到考古隊駐地，尚金山顧不上吃飯，迫不及待地用水沖刷掉石牌上的浮土。塵土拂去，定睛細看，石牌上赫然寫著「魏武王常所用挌虎……」。六十多歲的尚金山興奮地一下子蹦了起來，高聲喊道：

「魏武王，大家快來看啊！這裡有魏武王！」

大家一下子圍攏過來，將尚金山圍了個水泄不通，紛紛來看個究竟，並想親手撫摸一下這塊石牌。

信應超趕緊打電話向這時尚在另一個駐地的潘偉斌報喜。

「發現魏武王石牌啦！」

潘偉斌正在房間整理資料，聽到這句話，以為是在開玩笑。

「你別逗我了，我受不了。」

信應超用更大的聲音說：

「是真的，尚老師年紀那麼大，都跳起來了！」

潘偉斌開始激動起來，一時間感到內心什麼滋味都有，無法用語言形容。來不及細想，他急忙騎上自行車向工地趕去。

天空中依然飄灑著鵝毛大雪。積雪很深，自行車走不動，他棄車而行。這個時候的潘偉斌已經對寒冷沒有了感覺，他渴望儘快見到那塊神祕的石牌。到達駐地時，潘偉斌緊貼著皮膚的內衣已經浸滿了汗水，身上沾滿了雪，雪水在臉上融化，猶如道道淚痕。他顧不上擦，徑直奔向屋內，撥開尚在激動的人群，把石牌接到手中。真正的淚水此刻充盈在他的眼眶之中。他將臉轉向一邊，讓自己的情緒稍微平靜了一下，然後再次轉過臉來觀看手中的石牌。

他發現石牌的下部略有些殘缺，但「斷茬」很整齊。他問其他隊員：

「還有沒清洗過的石牌嗎？殘片也行。」

一個隊員隨即答道：

「前幾天好像還出土了塊很小的石牌殘片，由於太小，我們都沒有太在意，還沒有顧得上清洗呢。」

潘偉斌說：「快找出來洗一洗，看能不能對得上。」

那塊小小的石片很快被找了出來。信應超將它洗了洗，拿到了潘偉斌面前。石片上清清楚楚地刻著「大戟」兩個字，字體和上面提到的石牌完全一致，石質也一樣。

潘偉斌將石片往尚金山發現的那塊殘石牌的斷茬上一接，居然嚴絲合縫。第一塊完整的石牌呈現在大家的面前。石牌上的文字，從上向下逐字為「魏武王常所用挌虎大戟」。

激動歸激動，墓室內的清理仍然按田野考古規程進行著。

十二月十二日，考古隊又有了不同於石牌的另一發現。他們在後室清理出另外兩個人頭骨和一些零碎的肢骨。這兩個人頭骨，加上前些日子在前室發現的人頭，共是三個個體。

在清理後室甬道附近時，又出土了一些金絲。這些金絲纖細如髮，有的呈盤旋狀，或許是墓主人衣服上所繡金絲圖案留下的遺物。

當清理範圍擴展到後室的南側室附近時，一條消息在考古隊中炸開了鍋：側室的門道內側，散落著十幾塊刻字石牌。

潘偉斌將新的發現打電話報告給了省文物局陳愛蘭局長。陳愛蘭因為中國文字博物館開館的事，正在前往北京的火車上。聽到消息後非常高興，陳局長讓潘偉斌將每塊石牌的文字內容用手機短信的形式發給她，以便她向國家文物局領導彙報。

接下來的兩天裡更是發現不斷。第二天發現十二塊石牌，第三天又集中出土了二十四塊。十幾天裡，總共有五十九塊石牌相繼出土。

每次石牌出土，潘偉斌都會在第一時間向省文物局和考古所領導彙報。有時候一天七、八次。後來陳愛蘭在接到電話時，乾脆不等潘偉斌開口便說：

「我一聽到你的笑聲，就知道你又有喜訊告訴我了。說吧，這次又有什麼重要發現。」

儘管陳愛蘭局長非常繁忙，但每次聽到潘偉斌的電話鈴聲，都會迅速接通。他們的電話成了熱線。

一個週末，潘偉斌突然接到縣政府辦公室的電話，要他和賈振林立即攜帶「魏武王常所用挌虎大戟」的石牌到安陽市政府去，時任安陽市市委書記的張廣智在辦公室內等他們，要聽取有關西高穴大墓發掘工作的專門彙報。

潘偉斌不敢耽擱，馬上選好幾塊最有代表性的石牌往市委趕去。

到了市委大院，潘偉斌懷抱著出土的「寶貝」，和賈振林疾步登上了樓梯，趕到張廣智的辦公室，他們將出土的石牌逐一擺開，放在張廣智的辦公桌上。張廣智詢問了這些石牌的意義後，告訴潘、賈二人，等中國文字博物館開幕式結束後，市委、市政府要召開常委會，專門研究西高穴大墓的文物保護工作，他要求到時候潘偉斌列席會議，彙報發掘情況和收穫。

專業的考古發掘不能只關注石牌本身。石牌本身的科學價值，離不開石牌的出土狀況。這一點，潘偉斌是清醒的。他查看了考古隊繪製的墓室內出土文物分布圖，發現石牌均是從自然地層而不是盜墓賊擾動過的地層中出土的，其中幾枚石牌出土時，上面居然還疊壓著陶器、鐵器、漆器。

從學術範疇來說，石牌被漆器、陶器和鐵器疊壓，形成了極好的「地層關係」。漆器本是用易於腐爛的竹、木等有機質做胎，它們很可能原本就壓在石牌之上，經千年時光，腐爛的漆器與土黏在一起，很自然地將石牌掩蓋了起來。石牌出土於漆器之下，完全排除了石牌是後人造假後「放置」於墓中的可能。那些疊壓在石牌上的鐵器，也已經鏽蝕嚴重。看來鐵器壓在石牌上的日子也很久很久了。

二〇〇九年冬天，安陽出奇寒冷。多年未遇的大雪，給大地穿上了銀裝。道路被積雪中斷了，水電和給養都成了問題，考古隊只好暫時將發掘停了下來。

大雪融化之後，考古隊又在中國文字博物館的慶典中休整了幾天。

對於安陽市來說，中國文字博物館的建立，使安陽有了首座國家級博物館。時任國家領導人、文化部部長，以及時任國家文物局局長的單霽翔等都來到安陽，為中國文字博物館開館揭幕。

久違了的那種「都城」的感覺，再次出現在安陽，自豪寫在安陽人的臉上。

單霽翔局長利用開幕式的間隙，在陳愛蘭、孫英民的陪同下，來到西高穴大墓發掘現場。計畫現場視察的時間只有十分鐘，但單霽翔一進入大墓，便被墓葬的規模震撼到了。他一邊聽取潘偉斌的彙報、一邊仔細地察看墓室的結構，很快便過了約定的時間。潘偉斌只好問單局長是否有時間看一看出土文物。單局長的回答是：

「看，當然要看。」

一行人驅車趕到整理基地。單局長觀察著每一件文物，不時拿出隨身攜帶的數位相機，對著畫像石殘塊和石牌拍照。時間早已過了半個小時，陪同他前來的安陽市政府領導，不得不提醒他該走了，他才戀戀不捨地離開現場。臨行前他還給考古隊提了幾條意見：

●注意安全，確保包括人身安全、文物安全、工作站的安全。

●科學發掘，不要遺漏任何考古現象，工作要細緻，要將骨骼做為珍貴文物對待，盡可能地收集人骨，並進行鑑定。

●馬上組織專家考察發掘現場、研究出土文物、進行科學論證，儘快拿出結論，統一意見後，儘快召開新聞發布會予以公布。

●從現在開始就要考慮今後的保護和展示工作。怎樣展示，要做好規劃；要立足於原址展示、原址保護，做好規劃。

單霽翔具有博士學位，就任國家文物局局長以來，他不遺餘力地推動文化遺產保護工作，文物考古事業面貌一新。內行看得出，單局長的幾條「指示」雖然是半小時內「匆匆做出」的，但條條切中要害。

按照單霽翔局長的意見，十一月十九日，河南省文物考古研究所召開了專家論證會。不過，學者們在這次會議中沒有就墓主身分形成明確意見。接下去的二十多天中，發掘工作大有進展，河南省文物考古研究所再次於十二月十二日組織論證會。時任國家文物局文物保護司司長的關強（後升任國家文物局副局長），親率十餘位不同學科的專家，從全國多地來到安陽。這次討論的內容，已不限於如何發掘，而是直面問題的關鍵：誰是墓主？會上，多數學者已經傾向於墓主人是曹操本人。

二〇一〇年元旦前後，有關「西高穴大墓是曹操墓」的消息已經廣泛傳開。社會瞬間分裂成「挺曹」和「反曹」兩派。這無形中給考古隊帶來巨大壓力，但發掘還得照常進行。

考古隊員心中也有個積鬱已久的困惑：墓室內共有三枚人頭骨，他們之間一定也有主次之分，哪一個才是真正的墓主人呢？

回答這個問題，首先要確認三名死者的棺木位置，這對於確認死者的身分至關重要。

西高穴二號墓後室南側室內腐朽的棺材遺跡

考古隊員關注著泥土中的有機物痕跡。他們知道，棺木雖朽，爛在泥土之中仍然有跡象可查，除非遭到嚴重擾動。果然不出所料，元月中旬，後室的南、北兩個側室中各發現了一具棺木。這說明至少三名死者中的兩名，原來是安葬在後室的南、北兩個側室內的。

但另一名死者的棺木又在哪裡呢？

按照葬制，這個年代的墓主不僅有棺木，而且一定會放在墓室的主室（即後室）內，然而發掘過程中，卻沒有在後室中發現明顯的棺木痕跡。

為什麼三枚人頭骨只有兩具棺材？難道真像人們所說的，其中某枚人頭骨是盜墓賊的？

潘偉斌知道這不可能。所有考古隊員都知道這不可能。

但要證明三枚人頭骨本來就在墓葬之中，只有找到這幾枚人頭骨的原生位置，例如他們各自棺材的位置。

可恨的盜墓賊！要不是他們洗劫了墓室，頭骨何曾會移位？

問題的解決居然全不費工夫。

十二月二十四日，筆者來到西高穴。二十五日接近中午的時候，大家再次進入二號墓的墓室，同行的還有考古隊員任成磊。細心的小任忽然發現後室後部的一塊鋪地石上有一處淺淺的「印痕」。潘偉斌和筆者忙駐足觀察。

鋪地石上的「印痕」約有十二釐米見方，不像有人工鑿塹的痕跡，僅僅是顏色較整塊鋪地石略淺一些。有一點可以肯定，沒有巨型重物形成壓力，堅硬的鋪地石上是不可能出現這麼明顯的「印痕」的。

這種「印痕」會不會是孤立的呢？大家很自然地擴大了搜尋範圍。小任很快又在另一塊鋪地石上找到一處印痕。隨即筆者和潘偉斌等人在其他鋪地石上都找到類似的「印痕」，一共六個。

六個「印痕」呈矩形均勻分布，所形成的矩形長二．四二米、寬一．〇二米。細看之下，「印痕」看上去是人工有意鑿開的。

「石葬具！」大家幾乎同時喊出聲來。

石葬具是古人為身分和等級很高的死者，在墓室內承載或安放木棺用的，包括石屋、石槨、石蹋、石棺床等數種。僅憑鋪地石上的幾個印痕，自然還難以確定西高穴大墓內安置的究竟是石屋、石槨、石踢，還是石棺床。

大家不約而同想起了考古隊發掘西高穴大墓之初，從那個早期盜洞口周圍收集到的大量殘破但刻有圖案的「畫像石」碎塊。先前大家曾推測這些是類似漢墓中常見的那種鑲嵌於墓葬中的畫像石，但墓葬清理出來之後，大家發現墓壁上並無畫像石的「鑲嵌」痕跡。而且那些出自盜洞周圍的畫像石殘塊中，有十餘件還被雕成了瓦當或闌柱的形式，為此許多行內人士一直不接受「鑲嵌在墓壁中的畫像石」的說法。如果這些所謂「畫像石」殘塊是石葬具的一部分，

西高穴二號墓後室北側室內腐朽的棺材遺跡

則基本可以排除石棺床的可能，因為棺床一般不會有瓦當；瓦當、門柱殘塊的存在，不能排除墓葬中原本有石屋或石槨的存在。又考慮收集到的「畫像石」殘塊數量巨大，達數千塊之多，加上其中雕刻成瓦當的殘塊達到數十件，筆者和潘偉斌初步判斷，更有可能是石屋或石槨。要最終確認石葬具是什麼，需等研究人員將所有的「畫像石」碎片拼對完整才能確定。

槨是古代為安放和保存棺材，套在棺外的一種「箱」式結構。槨的起源很早，通常用原木搭建，至少在商

西高穴二號墓後室鋪地石及方形印痕

代便已普遍使用。隋、唐兩代，許多貴族用石材雕刻成槨來安放棺材，以顯尊貴。石屋則是棺槨之外的建築，其外觀與人世間的建築類似，梁枋瓦當，甚至斗拱，無一不全。有的石屋四面刻上人物圖案，高大肅穆。

六個「印痕」的發現，不僅說明西高穴二號墓有石葬具，而且確認了安放石葬具的位置；確認了石葬具的位置後，棺木的位置也隨之確認：原本棺木正是安放在後室正中的。後室前部的有機質堆積，或許就是被反覆破壞的棺木腐爛之後留下的，而這具棺木，無論用材，還是尺寸，規格應該高於側室中的兩具棺木。

這一判斷，也得到墓室中出土棺釘的支持。

考古隊在清理墓室內被擾動過的淤土時，發現了兩種不同規格的鐵棺釘，較大的一種長達二十餘釐米，短的有十餘釐米。這種長逾二十釐米的棺釘，應該是後室中男墓主人的棺木所用，說明棺木板材的厚度遠遠超過二十釐米，比兩邊側室中所發現的棺木厚多。

第三節　隨葬文物的數量與種類

二號墓的發掘告一段落。總共發現了多少文物呢？

二〇一六年出版的發掘報告《曹操高陵》，記錄了主要隨葬品的出土情況[1]：

二〇〇〇年九月四日，在靠近墓門的墓道下部，清理出鐵鏟一件。

九月二十二日，在墓室內的上部擾土中先出土虎雕一個，隨後出土鐵劍殘塊、鎏金蓋弓帽、銅泡釘、鐵鏃、鐵帶釦、銀飾、鐵刻刀、骨器、雲母片和漆木器。

十月九日，在後室上部擾土中，出土五銖錢一枚。

十月十二日，在前室靠近門道發現男性頭骨一枚，面部有殘缺。

十月十四日，在甬道出土圭形石牌上部殘塊一塊，上面帶有「……常所用……」文

1 河南省文物考古研究院編著《曹操高陵》，中國社會科學出版社，二〇一六年。

字。同日，在前室內的上部擾土中，出土銅盞、鐵鏃、殘馬銜、剪輪五銖各一件。在前室北側室內上部擾土中，出土有圭形石牌下部殘塊，刻字內容「……用挌虎大戟」等字，同時出土的還有鎏金蓋弓帽、鐵鏃各一枚。

十月十五日，在前室北側內上部擾土中，出土有銀環、銅環、五銖錢、銀鋪首銜環、石質箱飾、銅泡釘、銅飾等。

十月十七日，在前室南側室內的上部擾土中，出土有金簣一個、骨簪數根、銅泡釘若干和一個陶硯。在前室上部擾土中，清理出鐵質鎧甲片六十四處、畫像石殘塊若干。前室北側室上部擾土中，出土有銅帶釦、銅泡釘、雲母片、鐵鏃、人骨和陶鼎殘塊等。

十月二十一日，在後室擾土中，出土了一塊帶有殘「魏」字的石牌和部分金絲。

十月二十三日，在後室擾土中，出土金鈕釦一枚。

十月二十六日，在後室南側室上部擾土中，出土殘石璧一塊、鐵帳構件一個、畫像石殘塊若干。

十月二十七日，在後室南側室擾土中，出土刻有「木墨行清」完整六邊形石牌一塊。同日，在後室南側室擾土中，出土刻有「香囊卅雙」和「絨二幅一」完整六邊形石牌兩塊、銀鋪首銜環一個、銅泡釘和銅飾若干。

十月三十日，在後室北側室擾土中，出土銅栓一枚、銅泡釘、棺釘若干。在後室南側室擾土中，出土鐵釘、鐵銜環、畫像石、人的殘骨、銅泡釘等。同時出土的還有「白練單裙一」、「八墳機一、木墨斂二合」六邊形石牌兩塊和圭形石牌殘塊兩塊。

十一月一日，在後室北側室內的擾土下部，出土多枚銅泡釘。在前室南側室，出土鐵帶釦、雲母片、彩繪漆器殘片。在前室北側室擾土下層，出土「……用挌虎短矛」圭形石牌一塊。

十一月四日，在前室擾土中，出土黑色瑪瑙珠一個、鎧甲片七十一片和人骨殘塊若干。

十一月八日，在前室擾土中，出土圭形石牌殘塊兩塊，其中一塊殘牌上有「魏武王常所用挌虎……」銘文。

十一月九日，在前室擾土中，出土骨尺殘塊。

十一月十一日，在前室下部淤土中，出土鎧甲九十片、畫像石殘塊、雲母片和人骨殘塊若干，並出有金絲七根、葉狀銀箔飾、銅柄各一個。小瑪瑙珠、骨簪若干。

十一月二十三日，在前室下部淤土中，出土鎧甲片二十三片、銅泡釘四個、瑪瑙珠三顆、圭形石牌殘塊兩塊，其中一塊上刻「……挌虎短矛」。

十一月二十四日，在前室下部淤土中，出土完整瑪瑙餅一塊。

十二月四日，在後室擾土中，出土六邊形石牌一塊，上刻「鏡臺一」。

十二月六日，在後室擾土中，出土玉璧殘塊一塊、石圭的下部殘塊一塊。

十二月七日，在後室擾土中，出土銅印一方。

十二月十日，在後室擾土中，出土銅泡釘四個、銅質傘帽一個、圭形石牌殘塊一塊，上刻「常所用」。

十二月十二日，在前室南側室淤土中，出土陶俑兩個。在後室擾土下層，出土大量人骨殘塊和兩枚女性頭骨。

十二月十四日，在後室淤土中，出土「墨畫衣枷一」完整六邊形石牌一塊。

十二月十五日，在後室淤土中，出土「紫綃披衫、黃綃袷一」、「沐具一具」完整六邊形石牌兩塊、穿孔珍珠一顆、鐵鏡一面。在南側室，出土「勳二絳緋」完整六邊形石牌一塊。

十二月十六日，在後室淤土中，出土銅鋪首銜環一個和大量骨簪。

十二月十九日，在後室南側室靠近甬道下部的淤土中，出土六邊形石牌二十一塊。刻銘內容分別為「五尺漆薄機（幾）一」、「食單一」、「文鍤母一」、「漆唾壺一」、「白縑畫鹵薄、遊觀、食廚各一具」、「軒杅一」、「欂蒲床一」、「絳白複裙二」、「白練單衫二」、「紫臂褠一具」、「竹簪五千枚」、「墨畫零狀薦蘋蒻簟一具」、「黃蜜金廿餅、白蜜銀廿餅、億巳錢五萬」、「鏝萊篋一」、「渠枕一」、「黃豆二升、木軼機一」、「刀尺一具」、「墨表赤里書水碗一」、「胡粉二斤」、「長命綺複衫、丹紋袴一」、「紫綺大□一、刾補自副」、「木繩叉二」。另外，出土玉珠一顆、銅泡釘一枚。

十二月二十一日，在後室南側室靠近甬道的下部淤土中，出土六邊形石牌十八塊，刻銘內容分別為「廣四尺、長五尺絳絹升帳一具、構自副」、「璧四」、「三尺五寸兩葉畫屏風一」、「丹綃襜襦一」、「絳文複袴一」、「冒一」、「文藻豆囊一具」、「白練襪一量」、「□□□一」、「絳柸文綺四幅被一」、「竹翣一」、「書案一」、「二尺五寸兩葉絳鏝屏風一」、「丹文直領一、白綺裙自副」、「絳疏披一」、「黃綺披丹綺緣一」、「黃綾袍錦領袖一」、「玄三早緋」。同時出土的文物還有石圭的上部、鐵質帳架構、三珠釵一件

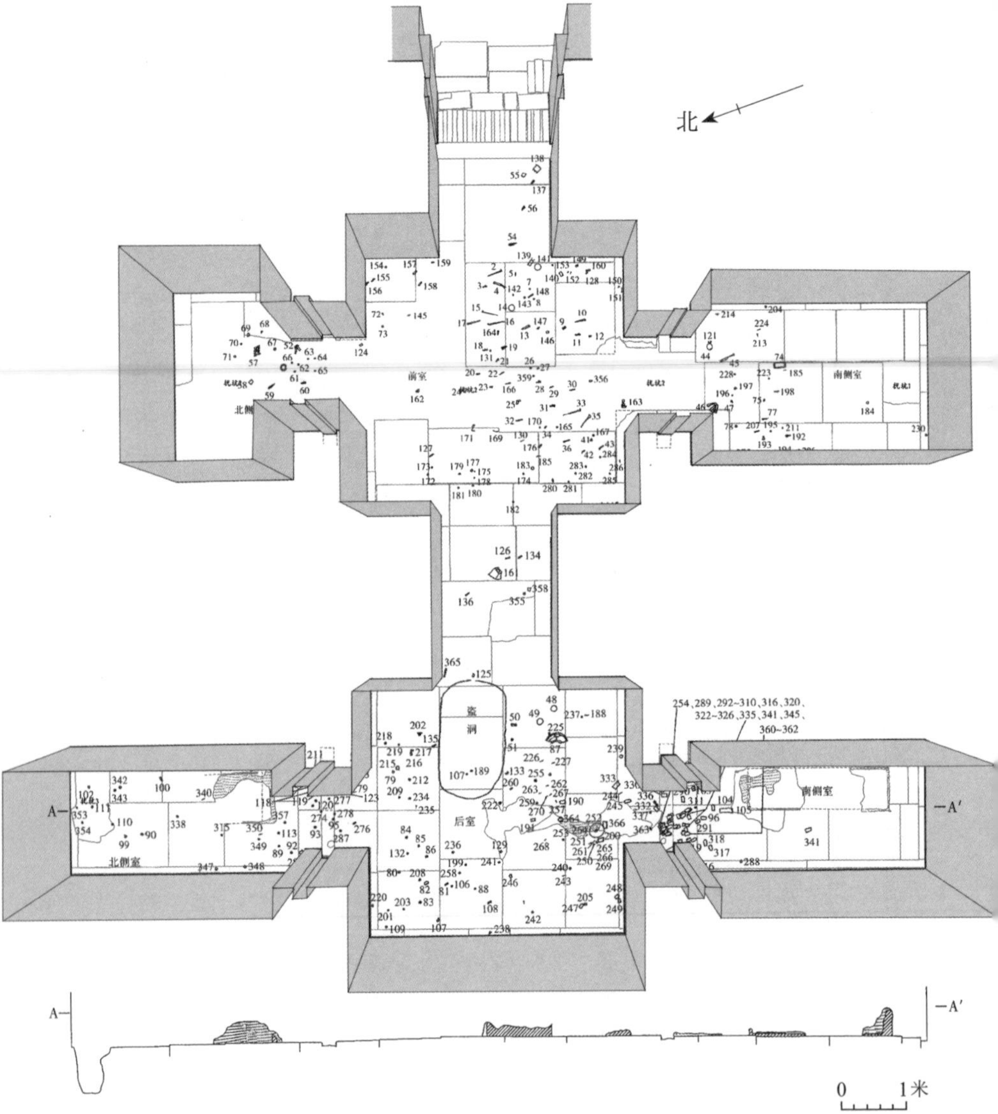

西高穴二號墓出土文物分布（劉子彧據《曹操高陵》平面圖改繪）

和大量陶器殘塊。

十二月二十五日至二十六日，在後室南側室和北側室下部淤土中，分別發現木棺殘痕。在後室底部靠近西部的鋪地石上，發現六個方形鑿痕，判斷它們是用來標示石葬具位置的記號。

二〇一〇年一月七日，在後室南側室下部淤土中，出土鐵質帳架構殘塊若干，完整六邊形石牌三塊，內容為「墨餅一」、「鞴車上廣四尺長一丈三尺五寸漆升帳構一具」、「絨手巾一」。

一月三十一日，在後室下部淤土中，出土完整六邊形石牌一塊，刻銘為「墨廉薑函一」。

五月十一日，在前室西北角的一塊淤土的下部，清理出銅泡釘、鎏金蓋弓帽、陶支架各一個，瓷器殘片兩片和一些漆木器殘片。

六月十二日，在前室淤土中，清理出鐵質鎧甲八片、小玉珠兩顆、圭形石牌殘塊一塊，上面刻有「常所用長犀盾」。

九月二十三日，在前室北側室的門道下部擾土中，清理出銅泡釘一枚、銅環兩個、圭形石牌兩塊。其中一塊銘「魏武王常所……」，另一塊銘「……用挌虎短矛」。中有少許雲母片、漆皮和陶器殘片。

九月二十四日，在前室北側室盜洞口部的擾土中，清理出鐵釘三枚、鏽蝕鐵器兩件和人的肋骨，以及漆皮殘片、陶器殘片。

九月二十六日，在後室南部靠近南側室門口和後甬道的西部，分別發現兩處木製家具殘存，其中靠近後室南側室墓門的漆木器因為疊壓在鐵鏡之下，呈長條狀，推測可能是石牌中記載的鏡臺；後甬道西部那處漆木器，僅剩局部，原器已難辨認，但從其殘存的保存相對完整的一角看，可能是書案或屏風之類的家具。

文物的計數，並不是件簡單的事。最終的數量，必須等全部發掘結束完成、研究整理工作完成之後才能掌握。舉個例子，墓內出土的鐵鎧甲，出土時散片達數百件，散落嚴重。究竟是一副甲？還是兩副甲？要研究以後才能有結論。而鎧甲又是由甲片穿綴而成，甲片的清點，需要技術處理之後才能進行。再如，有的文物出土時已經破碎成數塊，分布在墓室內不同部位，發掘現場是按不同個體編號和登記造冊的，只有等發掘工作結束後，通過整理修復，才能確認準確的個體數。

發掘過程中，二號墓內登記在冊的劫餘文物不下四百件（套），其中出土時比較完整、無需修復的文物有兩百五十件（套）左右，如果加上陶器、鐵器和獨立存在的畫像石（數千殘塊不計在內），經過數年整理、分離、修復，現有編號文物已達一千餘件。

文物的類別，以材質分，包括有金、銀、銅、鐵、玉、石、骨、陶、漆、雲母、煤精石等。

金銀類文物有：金絲、金釦、金環、銀帶釦、銀飾件、銀環。

銅質文物有：銅帶鉤、帶釦、銅環、銅泡釘、銅錢。銅錢為「五銖」錢，還有一枚剪輪五銖。

鐵質文物有：鐵鎧甲（已鏽結）、鐵劍、鐵杵、鐵弩、鐵矛、鐵戟、鐵刀、鐵鏡、鐵帳構，以及成束的鐵箭頭和兩種不同規格的鐵棺釘。其中，鐵鏡直徑達二十一釐米，令人印象深刻。

玉質文物（包括瑪瑙、水晶）有：玉珮、玉珠、瑪瑙餅、水晶珠、瑪瑙珠。

石質文物有：石璧、石枕、石圭、石弩機、刻字石牌、畫像石塊。其中，石圭寬七·四釐米、長二十八·九釐米。

金飾件

銀環

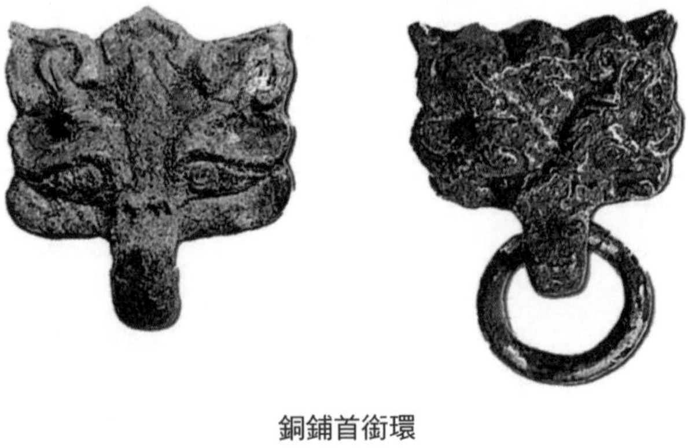

銅鋪首銜環

骨質文物：骨尺、骨簪。

陶瓷文物有：陶硯、陶豆、陶灶、耳杯、盤、壺、托盤、盆、陶俑、釉陶罐、器形不明的瓷片。

漆木質文物：漆器。

其他：煤精石雕成的小老虎、雲母片。

上述隨葬品，最被關注的是刻字石牌。這些石牌共六十六塊。除一塊形制不明，其餘六十五塊可分為A、B兩類。

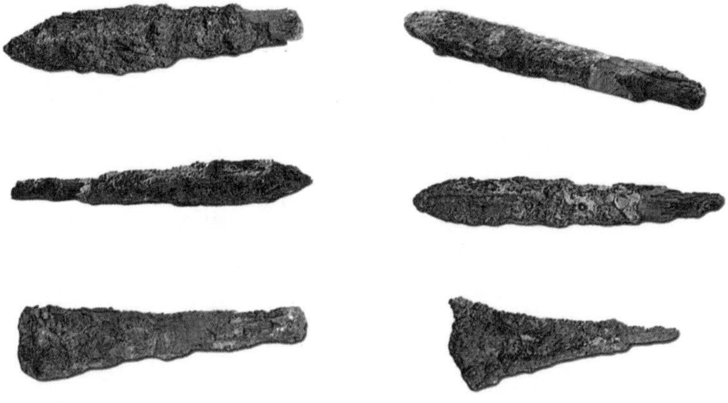

鐵箭鏃

骨板

A類：共十塊。呈一端尖銳、一端平直的圭形，體形略顯瘦長。上面所刻文字說明器物主人、器物名稱，但不言數量。例如兩塊「魏武王常用挌虎大戟」、兩塊「魏武王常用挌虎短矛」等。

B類：共五十五塊。六邊形，長八．三釐米，寬四．七五釐米，厚〇．七釐米，上部中間有穿孔。所刻文字不僅言明物品名稱，通常也言明物品數量，但絕不涉及物品主人。每塊B類牌，內容大都不相同，例如「八寸機一」、「百辟刀」、「香囊卅雙」、「胡粉二斤」、「刀尺一具」、「木墨行清」、「白練單裙」、「黃豆二升」、「絨二幅一」等。

除上述隨葬品外，還有一部分特殊的「文物」。羅列如下：

1.木棺三具：後室的南、北側室各出一具，後室（主室）也有一具。

2.三個人骨個體。

3.建墓室的磚：磚長〇．五米、寬〇．二五米、厚〇．一二五米，素面磨光。

4.鋪地石。

5.畫像石殘塊數千塊。

由於歷經盜擾，三具棺木均已被破壞。後室做為主室，僅存石葬具的痕跡，兩邊側室內雖有木棺，但只剩痕跡，還有各種散落的棺釘、棺飾。三個墓主人的遺骨更是散亂在墓室各處，相互混雜在一起，需要體質人類學專家辨認、分離。

所有文物中，如果簡單「記件」，以畫像石殘塊和墓磚的殘塊數量最大。畫像石部分出土於墓室，部分則以碎塊形式填埋於墓室上面的填土。

墓室內的畫像石內容豐富，雕刻嫻熟，題材有「神獸」、「七女復仇」等，有的刻有文字，如「主簿車」、「咸陽令」、「紀梁」、「侍郎」、「宋王車」、「文王十子」、「飲酒人」等。另外一部分殘塊明顯製成瓦當形制，可能是石屋或石槨的殘塊。

填土中的畫像石碎塊和墓磚碎塊，可能是築墓過程中加工材料的廢料。

隨葬品的位置，與墓室中各個主室或側室的解釋密切相關。

後室是主棺所在，且有石葬具痕跡，可能建有石屋，猶如墓主人的「寢室」所在。

後室的南北兩個側室中安放有棺材，雖有隨葬品，也是附屬之物。如南側室發現的鐵帷帳構，當為棺木之外的帷帳的「零件」。

前室屬於「前堂」性質，刻有「魏武王常所用挌虎大戟」等圭形石牌均出土於這裡，而且前室還發現有鎏金蓋弓帽，推測應該隨葬有車輛。因此，前室猶如墓主人生前

西高穴二號墓中出土的畫像石及漆木器

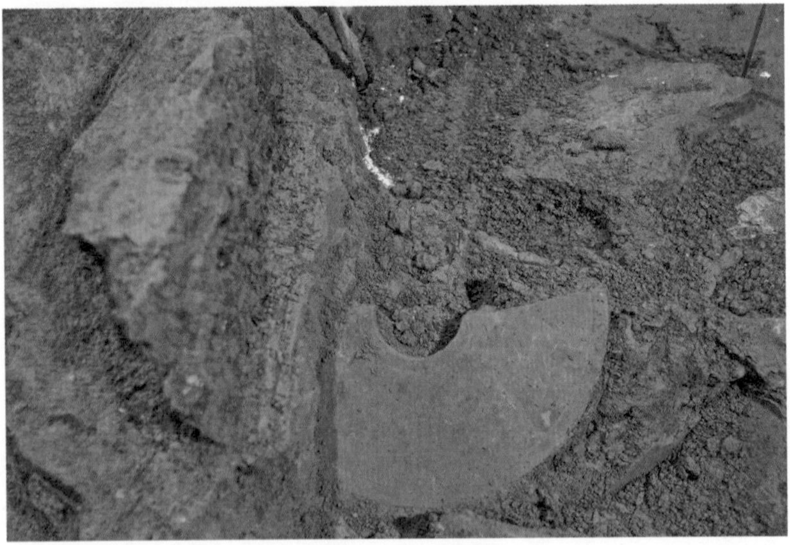

石璧出土時的情景

陶器出土時的情景

鐵鏡和陶器出土時的情景

的廳堂。

前室的南側室可能與庖廚有關；前室的北側室採用「四角攢尖」頂，雖然室內發現物品不明，或與禮儀有關。

第三章 何以是曹操

第一節　考古現場的「死亡密碼」

有人說，考古人只愛喝酒，不愛讀書；有人說，考古人不是不愛讀書，而是只讀「地書」。這些說法既不全錯，也不全對。關鍵在於考古人什麼時候讀書、讀什麼書和怎麼讀書。

墓室打開，考古人便與兩個問題撞個正著：什麼時候的墓？墓主是誰？

千萬別以為急於找答案的考古隊員會像電影裡一樣，匆匆跑向圖書館查資料。倘若挖開墓葬後，考古隊員忙著翻書，那麼一定不會是個好的考古人。老練的考古人是不會在這個時候去圖書館的，因為他要完成一個基本動作：基於純粹的墓內資料，整理出一份與墓葬年代或墓主相關的信息清單。

西高穴二號墓的科研流程也不例外。要了解年代與墓主，首先要讀懂墓葬內的「死亡密碼」。這是因為，墓葬本身的信息，才是解決墓葬年代和墓主身分的「內證」。

密碼1：下葬年代

斷代，是「判斷年代」的簡稱。斷代的方法多種多樣。墓葬結構、建築材料、陶器形制、瓷器釉色、銅器工藝都可以斷代；必要並且條件允許時，還可以對部分樣品進行碳十四測年或熱釋光測年。當然，最具斷代價值的是出土文物中的文字信息——如果墓葬中出土了帶字文物的話。

死者的葬法，歷代並不相同。主要表現在墓葬平面形狀和建造結構的差別。西高穴二號墓是「多墓室磚墓」，已經發現的東漢諸侯王一級的墓葬，大都是多墓室磚墓。

河北定縣（今定州市）北陵頭四十三號墓，是與西高穴二號墓形制最為接近的東漢諸侯王墓。該墓由墓道、甬道、前室、前室的左右側室、甬道、後室、並列於尾部的雙後側室組成。該墓早年被盜，殘存的隨葬品有銀縷玉衣、銅縷玉衣各一套，又有少量金銀飾品和玉器。發掘者據《後漢書．中山簡王焉傳》推定，墓主為漢靈帝熹平三年（一七四）去世的中山穆王劉暢夫婦墓[1]。

西高穴二號墓與河北定縣北陵頭四十三號墓形制接近。都是前、後室外加前、後室的雙側室。但西高穴二號墓的前室更為寬敞，後室也更開闊，且後室的雙側室是左右排列，顯示出更高的規格。這似乎在傳遞一個信息：西高穴大墓的年代接近西元一七四年死去的劉暢夫婦墓，但可能地位比諸侯王劉暢還要高。

另外一座與西高穴二號墓形制接近的東漢墓，是睢寧劉樓墓[2]。劉樓墓也是一座諸侯王墓。該墓也是前、後兩室。前室與兩個側室連成一體，後室十分寬敞，明顯是主室；後室的尾部有一個側室。該墓存有銀縷玉衣和銅縷玉衣的殘片，墓內發現一具六歲左右孩子的遺骨，中室的壁磚上有石灰寫的「司空」二字，發掘者推測墓主人可能是諸侯王。西高穴二號墓比劉樓墓的形制略顯複雜。

西高穴二號墓的形制和規模，與現今已發現的東吳和曹魏時期王一級的墓葬也有相似之處。

二〇〇五年，考古學家在南京江寧區上坊鎮發現一座孫吳時期的墓葬[3]。該墓的形制與西高穴二號墓相似，同為土坑豎穴磚室結構，帶斜坡墓道。但上坊東吳墓的地面堆有封土，墓道朝南，陡而較短，僅有十米，寬也只有四．三米。墓室長二〇．一六米、寬一〇．七一米。該墓由封門牆、石門、長甬道、前室、過道及後室構成。前、後室兩側均有對稱側室，後室後壁還有兩個大壁龕。墓葬的前、後室均為穹窿頂結構，甬道、過道及四個側室為券頂結構。這種結構，與西高穴二號墓有諸多相似，顯示兩者年代相若。

上坊孫吳墓是迄今發現的數以百計的孫吳墓葬中，規模最大、結構最複雜的一座。墓內隨葬品豐富，包括「五銖」、「太平百錢」、「直百五銖」、「大泉當千」等。發掘者推測墓葬為東吳晚期，墓主或為孫吳宗室。

較上述數墓年代略晚，但仍可與西高穴二號墓加以比較的是洛陽曹魏正始八年（二

1 李銀德《兩漢諸侯王墓》、載鄒厚本主編《江蘇考古五十年》，南京出版社，二〇〇〇年，第二三三—二三四頁。又楊愛國《東漢諸侯王喪葬禮俗初步分析》、載北京大葆臺西漢墓博物館編《漢代文明國際學術研討會論文集》，北京燕山出版社，二〇〇九年。
2 睢文，南波〈江蘇睢甯縣劉樓東漢墓清理簡報〉，《文物資料叢刊》第四輯，文物出版社，一九八一年。
3 王志高等〈南京江甯上坊孫吳墓發掘簡報〉，《文物》，二〇〇八年第十二期。

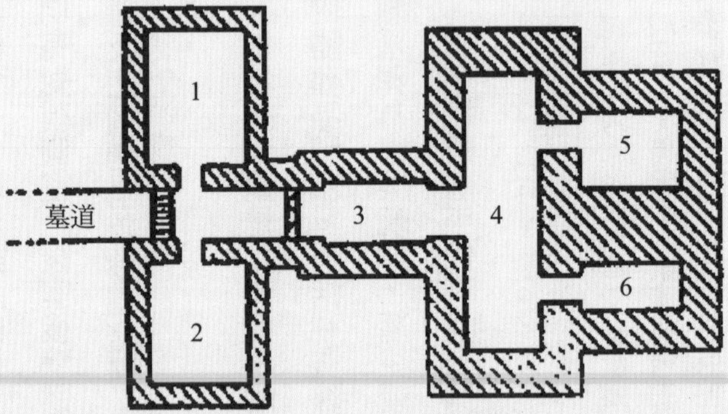

河北定縣北陵頭四十三號墓

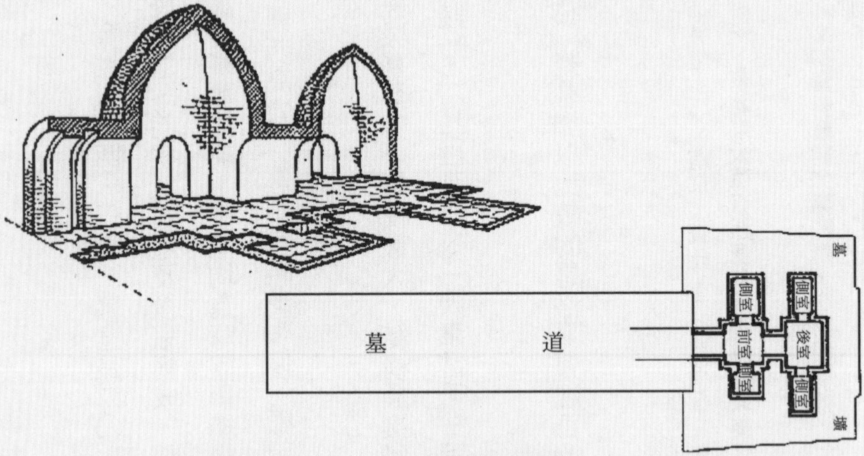

西高穴二號墓

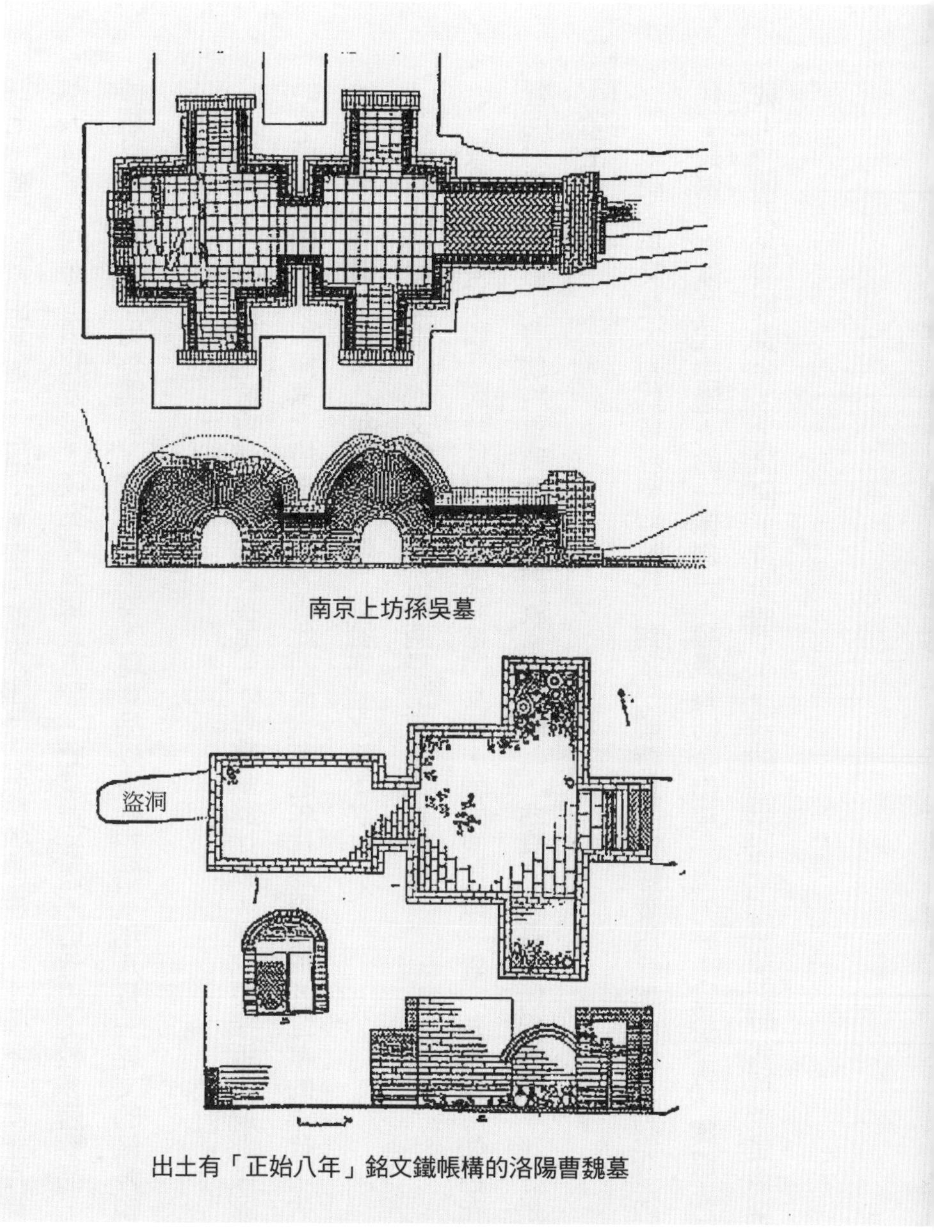

西高穴二號墓與東漢—曹魏時期貴族墓形制比較
（引自河南省文物考古研究所編著《曹操墓真相》，科學出版社，二〇一〇年）

四七）墓。該墓由墓道、甬道、墓室、側室組成。其斜坡墓道長二十三米，墓室用磚砌，前室為四面結頂的方形，後室為弧頂長方形。此墓雖被盜，仍然出土較多隨葬品，種類以陶器為主，另有銅器、鐵器、玉器。隨葬品以帶「正始八年八月」銘文的鐵帷帳架而聞名[4]。

西高穴二號墓與上述東漢、三國（孫吳）、曹魏墓葬比較，形制更接近定縣北陵頭的東漢末年劉暢墓和南京上坊孫吳墓。因此西高穴墓的年代應更接近此二墓的年代，大致年代應在漢靈帝熹平三年（一七四）的劉暢墓之後不久。

西高穴二號墓出土的文物，也顯示出明顯的東漢末期特徵。

戟是東漢末年和三國時代軍中主要的格鬥兵器。戟的使用以「對」為常例，如呂布營門射戟的故事、曹魏將軍典韋的武器就是「雙戟」。西高穴大墓中所出的戟，正好是「成對出現」。

東漢末年又是大刀代替長劍的時代，到了三國時代，軍隊實用兵器中的大刀完全取代了長劍。東漢時代由過去的「佩劍」，發展為同時出現「佩刀」，《後漢書．輿服志》載：「佩刀，乘輿黃金……諸侯王黃金錯。」這說明西高穴二號墓的時代可能是東漢末年。

墓中還出土人物陶俑兩件，出土於墓葬前室的南側室底部。雖然高度分別只有十四．五釐米和八．五釐米，但穿戴塑造得很清晰：戴平巾幘，穿交領深衣，臉形稍胖，同樣是典型的東漢俑造型。

此外，二號墓中出土大量畫像石殘塊，畫像石中人物的服飾特徵屬漢魏時期，內容題材則不晚於東漢。

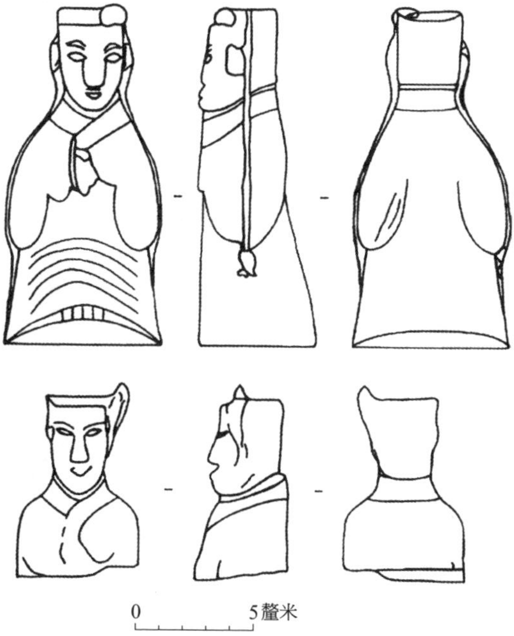

西高穴二號墓出土人物陶俑

4 洛陽市文物工作隊〈洛陽曹魏正始八年墓發掘報告〉，《考古》，一九八九年第四期。

墓葬後室的側室中出土有鐵質帷帳架。使用帳構，是東漢末年至魏晉時期的習俗。洛陽一座曹魏正始八年（二四七）的墓葬中，即出土有幾乎相同的鐵帳構。鐵鏡也表現出東漢晚期至魏晉的時代特徵。

在考古學科中，陶瓷器被稱為斷代的「時間卡尺」。西高穴二號墓出土的所有陶瓷器，都是東漢末年的「流行款式」。

墓葬中出土的四枚「五銖錢」也是東漢錢，其中一枚是東漢晚期最為常見的「剪輪五銖」。錢幣數量雖然發現不多，但都將墓葬的年代指向了東漢晚期。

西高穴二號墓出土鐵帳構

除了器物之外，文字也有斷代意義。二號墓內出土的諸多刻字石牌，字體是典型的漢末隸書形式，與東漢末年《熹平石經》的字體非常接近。

墓葬中一些石牌上「魏武王」三字中的「魏」字，在下面加了一個「山」字，這是秦漢時期的寫法。魏晉以後，此種寫法開始變化，「山」字開始移到魏字的上部。北朝以後的「魏」字，「山」字完全從中消失。所以「魏」字的結構，表明西高穴二號墓不會晚於魏晉，更可能是東漢末期的。

文字的內容同樣顯示該墓的年代應在漢魏之間。石牌中有一塊刻有「木墨行清」四字，

西高穴二號墓中出土的白瓷罐和醬釉罐

西高穴二號墓出土的「五銖」和「剪輪五銖」

字體和內容本身都有年代意義。

所謂「木墨行清」，是東漢末至魏晉時期人們對廁所或便器的稱呼。木墨是對廁所或便器材質的描述，行清指受便器。有人認為，「木墨行清」，指用香椿木製成的便器，可備一說，或許「木墨」指木炭也未可知。在中國歷史上，只有東漢末年至魏晉這個很短暫的時間內，將廁所或便器稱為「木墨行清」。所以該墓的

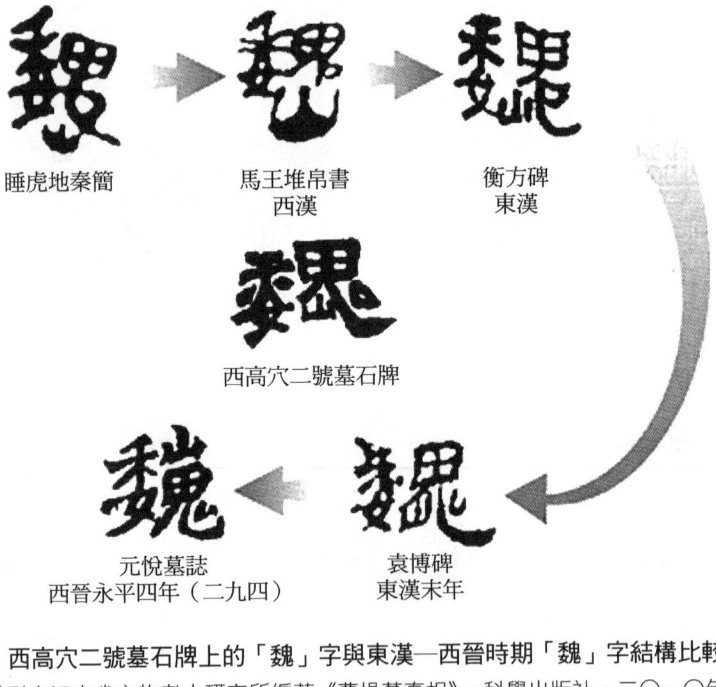

西高穴二號墓石牌上的「魏」字與東漢—西晉時期「魏」字結構比較

（引自河南省文物考古研究所編著《曹操墓真相》，科學出版社，二〇一〇年）

年代，只能在這一時期內。

墓室內出土的刻字石牌中，還有「百辟刀」、「白練單裙」、「香囊」等，都是東漢人使用過的物品名稱。

西漢時期，中國的冶鐵技術取得了長足進步。其代表性成就之一，便是炒鐵的發明。炒鐵是一種將生鐵在空氣中脫碳的技術。脫碳之後，鐵的韌性增加，可以鍛打。到了東漢，利用可鍛打的鐵，反覆錘鍊打造器物，發展出一種特殊工藝。東漢後期，工匠們熱中以反覆錘鍛的辦法打製刀具，稱為「百煉刀」。一九七四年，山東蒼山縣（今山東臨沂蘭陵縣）文化館在該縣卞莊鄉紙坊村清理出一把鐵刀，刀長一一一．五釐米、刀身寬三釐米，全器造型別致、花紋秀麗流暢。經鑑定，其金相組織均勻，刃部經過淬火。上面刻有「永初」的年號和「卅煉」等字樣，是東漢永初六年（一一二）打造的一柄百煉鋼刀。東漢的百煉鋼工藝，甚至傳到日本。一九六四年，日本也出土過一柄百煉刀。東漢末年，百煉刀也被稱為「百辟刀」。西高穴二號墓文物中發現有「百辟刀」三字，是將該墓年代定在東漢末年的另一重要證據。

「白練單裙」所記的是隨葬品中的衣物，或稱葬服。

細加區分，葬服分從葬之服與殮葬之服。從葬之服用於窆入槨中，殮葬之服用於包裹屍體[5]。漢代葬服有上衣下裳之分，有禪（單）衣、複衣之別，有長衣、短衣之異。《釋名・釋衣服》：「有裡曰複，無裡曰禪。」「白練單裙」四字，「白」指顏色，「練」是材質，「單」通「禪」，「裙」指人的下身著裝。

漢墓中以簡牘記錄葬服的例子不少。如湖南長沙馬王堆三號漢墓、湖北江陵鳳凰山八號漢墓等。簡牘所記衣物種類，上衣有禪衣、複衣、袷衣、袍、襦（常見）、襲衣；下裳有便常、絝、裙、縱之名。

馬王堆一號墓包裹屍體共用綿衾四件、綿袍四件、絲質單衣六件、麻布單衣一件、麻布單被和包裹兩件、情況不明者三件，共二十件（層），而從葬之服有袍、禪衣等。所以「白練單裙」，也指向墓主人屬於漢代。

綜合分析各種因素，西高穴二號墓的年代可判定為東漢末年。即是說，墓主人是東漢末年「入土為安」的。

密碼2：頭骨的祕密

墓室中共出土了三枚頭骨，代表三個個體。曾有網友推測說，他們可能是「盜墓時失手死於墓中」的盜墓者遺骸，當然這只能看成笑談。因為這一推測完全不符合墓葬後室有兩個側室的結構特徵，更忽略了墓葬中還有三具朽沒入泥的棺材的事實。後室的兩個側室各有一棺，可證此墓原本就葬入了三人。

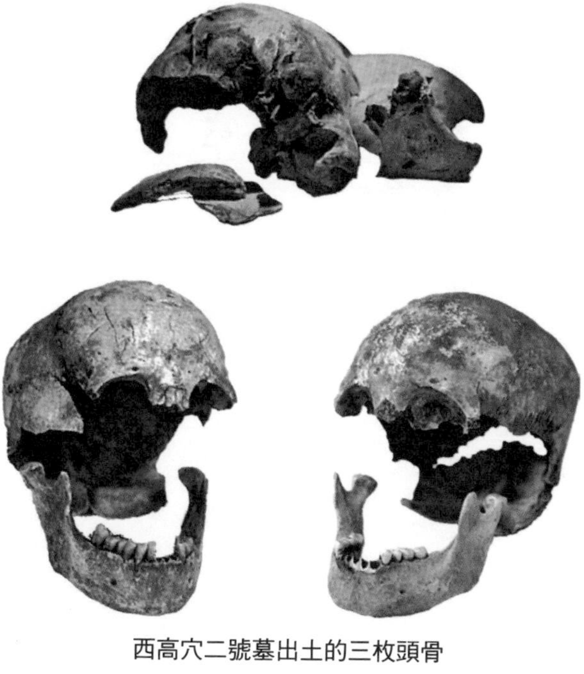

西高穴二號墓出土的三枚頭骨

5 鄭曙斌〈漢墓簡牘記載的葬服研究〉，《湖南省博物館館刊》第五輯，嶽麓書社，二〇〇九年。

既然是三人，那誰會是墓主呢？

經中國社會科學院考古研究所體質人類學專家，對三個人頭骨的年齡和性別進行鑑定，其結果為：

男子：首次年齡鑑定為六十歲左右，再次鑑定結果為六十歲以上。墓葬中那塊刻有「胡粉二斤」的石牌，多少透露了這位男子的年齡祕密。東漢時期，胡粉是老年人用來塗面的。

女子A（三號頭骨）：首次鑑定年齡五十歲，再次鑑定年齡不低於五十歲。

女子B（二號頭骨）：首次鑑定年齡二十至二十五歲，再次鑑定年齡仍然是二十至二十五歲。

由此可知：年齡六十歲以上的男子為墓主的可能性較大。

男子應為墓主，還有另外一條「堅如磐石」的證據。

我們先回憶一下，三個頭骨的出土情況。

男子頭骨：出自前室的前部。發現時獨立存在，附近沒有其他骨頭與之相連，而且頭骨並不是正方向安放，面部也朝向了一側，很像是被隨意丟棄於此的。

女子A：出土時更靠近後室的南側室。發掘後期，此側室內清理出的一具棺木豎向放置。棺木可能略有移位，上部早已朽沒。側室內發現鐵質帳構架一件，並有其他鏽蝕鐵渣出土。

女子B：出土位置更靠近後室的北側室。發現時附近有碎骨。發掘後期，此側室中同樣清理出豎向放置的棺木一具，棺木早朽。

由此可知，女子A和女子B分別安置在後室的兩個側室之中。

男子頭骨發現於前室前部，但迄今發現的所有漢魏古墓，從未見有將死者安置於前室前部的。考慮到頭骨出土時的狀況，可以排除「前室安置」的可能性。

按通常的規律，主棺應該放在後室後部的正中，但西高穴大墓的後室並未見到棺木。男子屍骨被移位前，會不會就在後室的正中呢？

後室中部鋪地石上的印痕最終確認了是棺床。至少有三方面證據可以證明，西高穴大墓的墓主下葬時是用了石質棺床的。一是墓內後室地面的六個方形印痕，二是墓內出土的石瓦當和建築構件殘塊，三是魏晉時期的墓葬中已多次發現過石質棺床。二〇〇五年，南水北調考古隊在距西高穴大墓不遠的安豐鄉固岸村，就曾發現過東魏武定六年

（五四八）的石棺床。此墓雖然略晚於西高穴大墓的下葬之年，但棺床保存完整，而且棺床前側雕刻有狀如屋脊的圍欄，並裝飾了兩塊瓦當。西高穴二號墓中瓦當數量有限，極似棺床上的瓦當飾件，而非複雜建築的完整構件。石質棺床置於後室，其上安頓棺木，應是當時後室的真實場景。

棺床的存在，證明男性頭骨的「原位」應在後室，也即主室，同時證明他的地位高於另外兩具棺木中的女子。因而這名六十歲以上的老年男性，除了解釋為墓主，別無其他的可能。

墓葬隨葬品以男性用品為主。包括「魏武王常所用」的各種物品，以及墓中出土的鐵鎧甲、鐵劍等，因此墓主應是男性。

密碼3：死去的是帝王

考古學有一套專門分析墓葬的方法論。學者們通過調查一百多個現生民族的例子，發現最能反映墓葬主人身分的因素是墓葬的規模和形制。

西高穴二號墓是目前考古發現的規模最大的東漢或曹魏時期墓葬。總面積達七百四

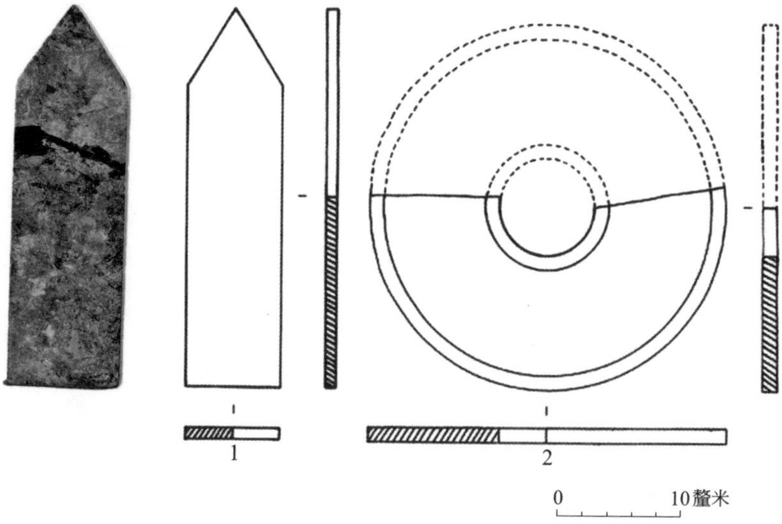

西高穴二號墓出土的圭和璧

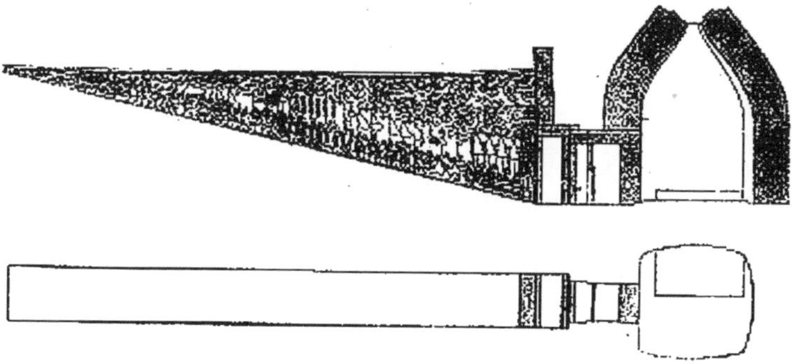

北朝灣漳墓

（引自河南省文物考古研究所編著《曹操墓真相》，科學出版社，二〇一〇年）

十平方米，墓道的寬度九．八米，墓室牆壁極厚。墓室採用前、後室布局，前、後室又都帶雙側室結構。墓葬前室、後室和前室的北側室採用「四角攢尖」頂。在東漢墓中，這種結構此前只有諸侯王一級大墓使用。

墓室所用建築材料，都是東漢末年的最高等級、最高規格。壘砌墓壁所用的條磚，長〇．五米、寬〇．二五米。鋪地石長〇．九五米、寬〇．九米、厚〇．二米，非常規整，是迄今所見規格最高的鋪地磚。

隨葬品內容也反映出墓主人的地位。

墓室中發現的三枚人頭骨，表明入葬了三名死者。位於主室（後室）的死者使用了石葬具；陪葬在主室的兩個側室中的兩枚女性頭骨，應屬於墓主的陪葬人。

墓內石圭寬七．四釐米、高二十八．九釐米。漢成帝延陵陵園南司馬門遺址和漢昭帝平陵陵園遺址均出土過石圭，但通常只有十釐米，甚至更短。西高穴二號墓出土的石圭長達二十八釐米，肯定是帝王級用品。

與石圭伴出的，還有石璧，直徑達二十八釐米。圭、璧伴出配套使用，是帝王陵的突出特徵。

直徑二十一釐米的鐵鏡，是迄今為止發現的最大件的東漢鐵鏡之一，也反映了墓主人的地位[6]。

墓地的建築遺跡，特別是有規律分布的柱洞，反映出墓葬曾經有陵園閣殿。生前死後的高貴，盡顯其中。

討論古代墓葬主人的身分，可以採用「比較法」。通過年代相同或相近、並且墓主人身分明確的墓葬，來討論新發掘墓葬的墓主人身分。

除了前述河北定縣北陵頭四十三號墓，一九八七至一九八九年發掘的灣漳大墓[7]，對於判定西高穴二號大墓的墓主，具有另一方面的參考價值。灣漳大墓雖然年代上晚於西高穴大墓三百餘年，但地理位置接近。它坐落在河北磁縣縣城西南二．五千米的滏陽河南岸。該墓同屬單墓道大墓，墓道朝南，全長三十七米，寬度僅三米左右，但兩側繪

6 白雲翔〈安陽西高穴大墓是否為曹操高陵之爭的考古學思考〉，《光明日報》，二〇一〇年一月二十六日。

7 中國社會科學院考古研究所，河北省文物研究所編著《磁縣灣漳北朝壁畫墓》，科學出版社，二〇〇三年。

滿壁畫。墓室是邊長七．五米左右的方形單墓室，頂部採用四角攢尖式結構，內高十一．八米。墓底鋪有正方形磨光青石。墓室西側有須彌座石質棺床，長五．八三米。經分辨，棺床上有一棺一槨，人骨已朽。若以灣漳大墓與西高穴大墓比較，在墓道寬度、墓室結構等方面，西高穴大墓的規格明顯高於灣漳墓。據學者們分析，灣漳大墓的主人可能是西元五五〇至五五九年在位的北齊皇帝高洋。因此，西高穴大墓的墓主也應是帝王級別。

密碼4：圭形牌上的「魏武王」

西高穴二號墓出土刻寫文字的石牌共六十六塊，除六邊形石牌外，還有十塊一端尖銳、一端平直的圭形石牌。此種石牌多有殘損，完整的一塊上刻「魏武王常所用挌虎大戟」、殘損的刻寫有殘存的「魏武王」、「常所用」，或者「魏」字。

「魏武王」的稱謂，魏係封地，武為諡號，王指封爵。翻譯成現代漢語，可解釋為：封邑在魏、諡號武的王侯。

「常所用」也是三個字，反覆見於其他石牌，理解為「經常使用的」或「曾經使用的」應該都可以。

這批刻字石牌所提到的「魏武王」不會是別人，應該就是墓主。

「魏武王」三字並非單獨出現，這裡與隨葬器物相關聯。隨葬器物顯然應該理解成墓主人所有，因此「魏武王」三字顯然也是指墓主。

因此西高穴二號墓的墓主人，死的時候是「魏武王」身分。這是有關墓主人身分的一條非常重要的信息。

密碼5：文武兼備的墓主人

考古學對古代墓葬的研究總結出許多規律。其中一個規律是：墓葬的隨葬

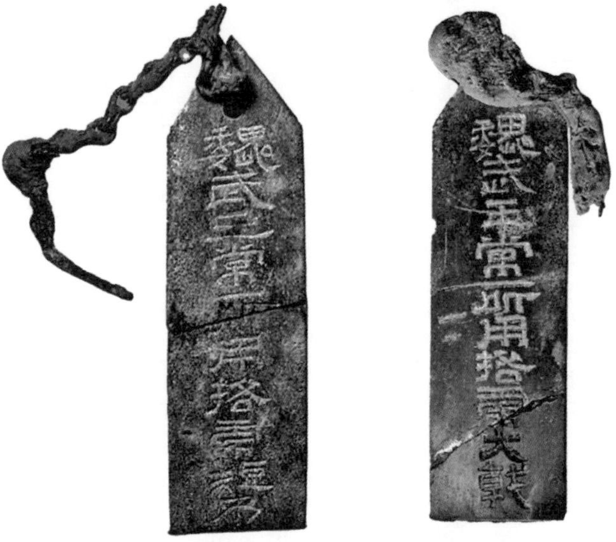

西高穴二號墓出土「魏武王常所用」石牌

品往往能夠反映墓主人生前的某些經歷。

安陽的商後期都邑殷墟，迄今已發掘墓葬一萬五千餘座。研究者在整理墓葬的過程中做了許多統計。結果表明，墓葬中如果出土陶紡輪，則墓主人通常為女性；墓葬中如果出土青銅戈，則墓主人通常是男性。更有趣的是，如果墓主人生前有過豐富的軍事經歷，通常會在墓葬中反映出來。婦好墓就是一個例子。

婦好本來是女性，係商王武丁的配偶。一九七六年，婦好的墓葬被清理出來。奇怪的是，她的墓葬中出土大量兵器。殷墟的商代墓葬中，女性墓是很少出兵器的。難道做為一介女流的婦好，生前參加過戰爭？經查閱，果然發現殷墟甲骨文中保存了婦好帶兵出征的紀錄。

西高穴二號墓的出土文物，包括大量鐵質鎧甲、鐵刀、鐵戟等；散落在墓葬中的石牌，與兵器有關者甚多，其中包括「魏武王常所用挌虎大戟」、「魏武王常所用挌虎大刀」、「八寸機一」（可能是弩機）等。由此推之，二號墓的墓主人生前很可能有過軍事經歷。

古代有身分的人死後，往往根據其生前經歷給予諡號，而生前有過軍事經歷者，常常會以「武」字為諡。

為什麼是武？古書上說：「剛強直理曰武。威強敵德曰武。克定禍亂曰武。刑民克服曰武。」例如生前發兵塞外，派衛青、霍去病飲馬陰山的劉徹，其諡號為漢武帝；又如北擊金兵、征戰一生的岳飛，死後諡號為岳武穆。他們的諡號中都帶一個「武」字。

西高穴二號墓中出土至少八塊石牌刻有「魏武王」。三個字中的「武」字與所出兵器相印證，印證了墓主人生前的軍事生涯。

本來以為墓主曾經是個單純的「狠角色」，但墓中出土的一方硯臺卻又呈現出墓主人的另一面。墓葬的隨葬品中，有一塊六邊形石牌上，分明寫著「書案一」三個字。考古隊在發掘過程中，於後室南部的側室門口發現木質家具痕跡，雖然已經殘朽，發掘者推測為書案或屏風一類的家具。書案，顯然是讀書寫字用的。墓葬中發現的六邊形石牌中，另有兩塊分別寫有「木墨斂二合」和「墨餅一」，可見此墓的隨葬品中，曾經有與書案「配套」的物品埋入。

有了這些物證，可知當年的墓主人定是「能文能武」。

密碼6：慰項石

西高穴二號墓的隨葬文物中，除了考古隊發掘出來的外，還有一部分是公安人員從盜墓分子手中收繳的。收繳文物中有一件石質枕頭。

這件枕頭長二十四．六釐米、寬十七．三釐米、厚八．四釐米，以蛇紋石磨製而成。枕頭分正、反兩面，正面有凹槽，三面六向磨出弧形，打磨精細；反面平坦，上刻九字：魏武王常所用慰項石。字體是東漢時期流行的「八分體」隸書，時代特徵明顯。

「魏武王常所用慰項石」雖是收繳

西高穴二號墓出土的鐵鎧甲、鐵刀

（鐵鎧甲為潘偉斌供圖，鐵刀引自《曹操高陵》）

文物，但上交者及知情者皆指認其出自西高穴二號墓，眾口一詞。石枕所使用石材及上面的字體，與二號墓中所出石牌相同，因此在討論墓主人身分方面，石枕與其他刻字文物具有同等價值。

「魏武王常所用慰項石」九字，實為三個詞組。

「魏武王」是謚號，見於其他多件石牌。如前文所述，指封邑在魏、謚號「武」的王侯。「常所用」可理解為「經常使用」或「曾經使用」。

「慰項石」三字是關於石枕功用的解釋。「項」指與頭部相連的頸項；「石」是石質枕頭的代稱。「慰項」，實為「火慰項」，是醫學名

收繳文物「魏武王常所用慰項石」

詞，相當於今天的理療。

「魏武王常所用慰項石」放在一起理解，應是：魏武王曾經用過的理療頭頸的石枕。

由此反向推理，墓主頭頸部很可能有某種病症，至少有明顯的「不適」。

密碼7：香囊與百辟刀

人類生存著實不易，古人更是艱辛。例如洗浴，是現代人每天必做的「功課」，但受條件限制，古人不可能天天洗澡，掩蓋體味實屬情理之中。隨身攜帶香料，便是辦法之一。隨身攜香與房間薰香不同，後者需要香爐。河北滿城漢墓出土的博山爐，原本就是用於薰香的。西高穴二號墓是否隨葬有香爐呢？六邊形石牌中沒有這一項，但考慮到墓葬被盜，實物和石牌均有可能丟失，我們不能得出該墓沒有隨葬香爐的結論。

二〇〇九年十月二十七日，考古隊在發掘過程中，於墓葬後室南側的擾土中，發現一塊六邊形石牌，上面刻有四字：香囊卅雙。此塊石牌的存在，證實墓主人生前可能是隨身攜香的。

香囊是古代裝填和保存香料的器具，通常是布囊。古人所用布香囊的實物，曾發現於氣候乾燥的新疆。

香囊是墓主人生前生活習性的反映，是判定墓主身分的重要信息。

墓葬中類似香囊這樣的可能是墓主人私人物品的文物還有很多。六邊形石牌中，有一塊刻有「百辟刀」字樣，可見隨葬品中應該包括「百辟刀」。

考古隊曾在前室的前部，發現兩柄鐵劍和一把鐵刀。儘管鐵刀鏽蝕嚴重，但不排除是「百辟刀」實物。

密碼 8：簡禮薄葬

西高穴二號墓因其規模宏大，墓形呈「前後墓室各帶雙側室」，建築上採用了「四角攢尖」結構，其規格之高，已達帝王一級。這種級別的墓葬怎樣才算是「薄葬」？厚葬或薄葬是相對而言的。判斷一座墓是厚葬還是薄葬，要考慮死者的身分。

兩漢時代，社會厚葬成風。

東漢諸侯王級墓葬無一不金玉相隨。其中最具財富和身分象徵意義的隨葬品，是墓

西高穴二號墓出土「香囊卅雙」石牌

新疆出土的東漢香囊，以華麗的織錦縫製，可見時人對香囊的重視
（引自林錫旦《中國傳統刺繡》，人民美術出版社，二〇〇五年）

主人都穿著「玉衣」。這些「玉衣」以金絲或銀絲穿連，又稱「金縷玉衣」或「銀縷玉衣」。河北定縣北陵頭中山穆王劉暢夫婦（四十三號墓）[8]、江蘇睢寧劉樓墓，甚至連一九五五年以來發掘的洛陽四座東漢晚期墓葬[9]，也都有玉衣殘片。

西高穴二號墓雖屬帝王級別，但墓室周壁以素牆處理，未見壁畫，沒有「梓宮便房」、「黃腸題湊」等複雜的墓

8 定縣博物館〈河北定縣四十三號漢墓發掘簡報〉，《文物》，一九七三年第一一期。

9 洛陽市文物工作隊〈洛陽發掘的四座東漢玉衣墓〉，《考古與文物》，一九九九年第一期。

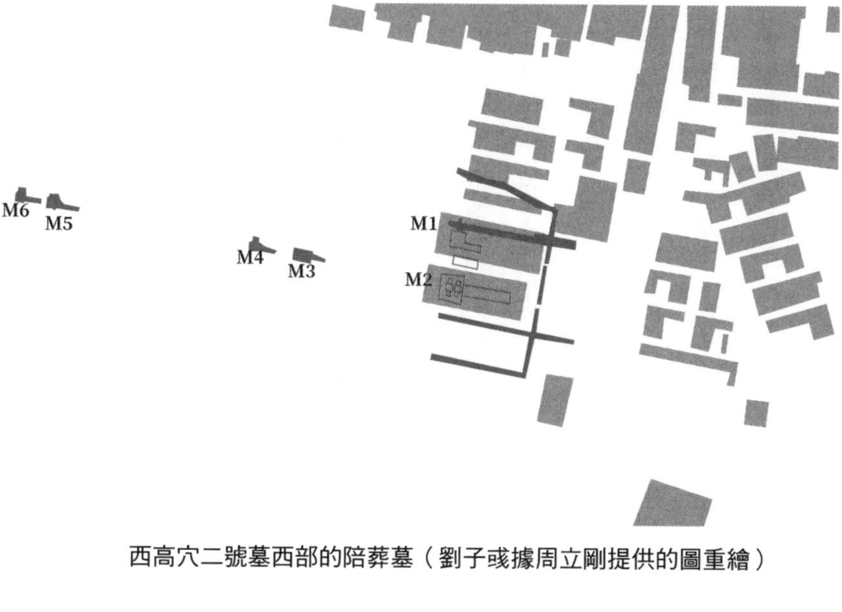

西高穴二號墓西部的陪葬墓（劉子彧據周立剛提供的圖重繪）

室、棺槨設施，更沒有使用「金縷玉衣」或「銀縷玉衣」。出土的玉珮、銅帶鉤、鐵甲、鐵劍、玉珠、水晶珠、瑪瑙珠等物，都應該是墓主生前的常所用之物。墓葬簡化了墓室結構、減少了隨葬明器[10]。

最重要的是，西高穴大墓沒有設封土，這是「薄葬」最為顯著的體現。因此相對死者的身分和墓葬的規格而言，該墓是典型的「薄葬」。

密碼 9：墓上建築

古墓挖得多的考古人，必會留下強烈印象：漢朝人造墓，最熱中在地面建誇張的「土木工程」。普遍採取的方式是靈柩入土後，在地面堆個巨大的墳包。然而東漢末年的西高穴二號墓，幾乎可以肯定沒有墳包。考古隊進駐之前，這裡是西高穴村村民的一片麥地。受道德約束和缺少大型機械的制約，豫北、冀南平原的耕作者是不會輕易推平墳包的。沒有任何證據證明，西高穴二號墓所在地曾經有過封土。換句話說，此墓本來就沒有堆築墳包做為地面標誌。這在東漢時期算是很不尋常的舉措。

沒有封土，並不意謂著沒有地面標誌。事實上，考古隊清理完西高穴二號墓的墓室之後，又對墓葬所在地的地表進行了「二次發掘」。結果發現此墓的墓室上方及墓道兩側，留有明顯的地面建築遺跡，包括成排分布的柱洞、沿墓道排列的小方坑、磬形坑，以及墓室頂部南北並列的兩個直徑達〇．五米的柱洞。

考古隊不僅清理了二號墓的墓室和墓道之上的區域，並且擴大範圍，對整個二號墓、乃至一號墓周邊都進行了勘探。結果發現二號墓和一號墓的南、北兩側建有東西向的建築，又在兩道圍牆更外圍的範圍內築有圍牆。要不是西部被西高穴村村民燒磚取土挖毀，幾乎可以肯定外圍的院牆原本是圍繞二號墓和一號墓的陵園外牆。

可以想像，當年人們從東部進入墓園時能夠棲身殿堂之內，有廣闊而安全的空間，讓祭拜者從容地給墓主人奉上祭品。

密碼10：墓外之墓

西高穴大墓的發掘次序，是先發掘二號墓，隨後清理一號墓。兩座墓發掘告一段

10 李梅田〈曹操墓是否薄葬？〉，《中國社會科學報》，二〇一〇年一月。

落，考古隊便把精力轉移至二號墓的墓上建築發掘。與此同時，勘探工作也在陸陸續續展開。二〇一一年，負責勘探的隊員突然帶來一個好消息，他們在二號墓的西部又發現四座墓葬。四座墓葬兩兩一組，規模略小，在二號墓的西部分一字排開，與二號墓形成線性關係，表現出它們從屬於二號墓的內在聯繫。

西部的「墓外之墓」兩兩成組，空間上必有特殊意義。理解這種特殊意義，同樣是判定墓主身分的重要線索。

第二節　文獻裡的證據關聯

西高穴二號墓的考古資料，道出了墓主人的一系列特徵，包括他的年齡、性別、下葬時代、生前業績、個性特徵、落葬地點，等等。這些被揭示的墓主特徵，幾乎每一條都將墓主指向了曹操。

既然如此，我們再來看看文獻所記錄的曹操臨終前後。

從魏武王到魏武帝的生死追尊

中國古代，帝王下葬是大事。因此下葬之後，當世或相隔不久的後世會留下文字記載。關於曹操的下葬，《三國志．魏書．武帝紀》即有一條重要紀錄：

庚子這天，王（曹操）在洛陽去世。享年六十六歲。曹操留下《遺令》說：「天下還未安定，不必要遵守古制。下葬完畢後，都儘快脫掉喪服。各地屯守的將領，都不得離開屯守之地。其他管理部門也都要各司其職。下葬時穿平時的服飾，不用金玉珍寶陪葬。」（曹操）以武王為謚號，二月丁卯，埋葬於高陵[11]。

曹操死後，葬其身者是其子曹丕、曹植及文武百官。

11 陳壽《三國志．魏書．武帝紀》，「庚子，王崩於洛陽，年六十六。遺令曰：『天下尚未安定，未得遵古也。葬畢，皆除服。其將兵屯戍者，皆不得離屯部。有司各率乃職。斂以時服，無藏金玉珍寶。』謚曰武王。二月丁卯，葬高陵。」

曹丕曾作《武帝哀策文》，曹植則作《武帝誄》。兩篇文獻中均提及曹操下葬前後的情形。

然而不論何種文獻，其所記曹操死亡的時間、死時的身分、下葬地點的選擇、隨葬物品的使用等，完全是一致的。

曹操死於建安二十五年正月，即西元二二〇年正月。下葬時間是當年二月二十三日，其時仍屬東漢王朝時期。

曹操征戰一生，死時六十六歲。

西元二一六年，漢獻帝封曹操為魏王。至曹操死時，魏王仍是其生前最高爵位。依制度和慣例，曹操死後，漢獻帝一定會為其加謚封號。曹操戎馬一生，加封謚「武」字最為正常。

「武王」是曹操去世之後、下葬之前獲得的謚號。有了這一謚號，殯葬儀式或其墓葬中出現「武王」或「魏武王」的用語，都是正常的。

西元二二〇年十月，曹操下葬八個月後，曹丕便自己稱帝。同年十一月，曹丕追尊曹操為「武皇帝」。這是一個重要的變化，曹操既已追尊，那麼西元二二〇年十月之後，人們當不會再稱曹操為「魏王」，而會以「武皇帝」、「魏武帝」稱之。

文獻記載中的高陵位置

曹操的葬地，文獻中稱為高陵。

高陵的位置，其實是曹操自己選定的。

西元二一八年六月，臨終前一年多的時間，曹操就墓地選址和營建問題說了一番話：

> 古代埋葬死者，一定選擇貧瘠的土地。現在看來西門豹祠以西的高崗可以做為我百年之後的陵地。利用這個地方的高崗做為墓基，將來地表不必堆封土、起墳堆，也不必種樹立碑。《周禮》規定，塚人掌管國家墓地。諸侯葬在王墓左右兩側靠前，卿大夫葬在後面，漢朝制度叫做陪陵。凡是公卿大臣和有功的將領，死後可陪葬在我的墓葬周圍。要擴大墓地範圍，以便將來有地方安置他們。

他的這段話，被史家記錄了下來，稱為曹操的《終令》[12]。

西元二二〇年，曹操在臨終之際說了另一段話：

我半夜時醒來，感覺不大好，早上喝了點粥，出了些汗，又服了些當歸湯。我在軍中依法辦事是對的，至於動不動發脾氣，還做些錯事，你們不要效法。天下尚未安定，（葬制）不必一定按古代制度辦。我有頭疼病，很早就戴上了頭巾。我死後，穿的葬服要像平時一樣。文武百官可以到殿中來參加葬禮的，只需按「十五舉音」哭祭，安葬之後要他們儘快脫掉喪服；駐防各地的將士，不得離開駐地；官吏們應各守職位。入殮時穿平時的衣服，埋葬在鄴城西面的崗地上，那裡離西門豹祠不遠。陪葬不要用金玉珍寶。我的婢妾和服侍我的藝人們都很勤奮，也很辛苦，讓她們到銅雀臺去，要善待她們。在銅雀臺設六尺靈床，掛上稀疏一些的麻布靈幔，早晚擺上點乾肉乾糧做祭品。婢女與藝人們就住在銅雀臺上，每月初一、十五從早上到中午向靈帳演奏。你們呢，平時也多到銅雀臺看看，眺望眺望西方的陵園。我餘下的香料，可以分給各位夫人，不要浪費在陵祭上。她們在家裡平時沒啥事做，可以學做鞋去賣。我做官歷年所獲得的綬帶，都收藏好；我不穿的布衣皮服，可以另外收藏；其餘的你們兄弟幾個拿去分了。

他的這段話顯然是對兒子們交代「後事」。這段話語重心長、感人至深。史學家記錄下來，稱為《遺令》[13]。從理論上說，曹操自己、他的親人，甚至參與殯葬曹操的主事者，都有可能決定或影響曹操下葬地點的選擇。但在這一問題上，曹操自己早已做了

12 陳壽《三國志．魏書．武帝紀》，「古之葬者，必居貧瘠之地，其規西門豹祠西原上為壽陵，因高為基，不封不樹。《周禮》塚人掌公墓之地，凡諸侯居左右以前，卿大夫居後，漢制亦謂之陪陵。其公卿大臣列將有功者，宜陪壽陵，其廣為兆域，使足相容。」

13 嚴可均《全三國文．卷三．魏武帝》，「吾夜半覺小不佳，至明日飲粥汗出，服當歸湯。吾在軍中持法是也，至於小忿怒，大過失，不當效也。天下尚未安定，未得遵古也。吾有頭病，自先著幘。吾死之後，持大服如存時，勿遺。百官當臨殿中者，十五舉音，葬畢便除服；其將兵屯戍者，皆不得離屯部；有司各率乃職。斂以時服，葬於鄴之西岡上，與西門豹祠相近，無藏金玉珍寶。吾婢妾與伎人皆勤苦，使著銅雀臺，善待之。於臺堂上安六尺床，施繐帳，朝晡上脯糒之屬，月旦十五日，自朝至午，輒向帳中作伎樂。汝等時時登銅雀臺，望吾西陵墓田。餘香可分與諸夫人，不命祭。諸舍中無所為，可學作組履賣也。吾曆官所得綬，皆著藏中。吾餘衣裘，可別為一藏，不能者，兄弟可共分之。」

安排。他的安排符合中國文化傳統，並無不妥之處，是曹丕等為其操辦喪事之人完全能夠接受的。

曹操墓的陵地選擇，《終令》中說到了四個要點：

- 貧瘠不肥沃的土地（瘠薄之地）。
- 西門豹祠以西的高地（西門豹祠西原上）。
- 得用較高的地勢建造塋穴（因高為基）。
- 周圍要開闊（廣為兆域）。

《終令》沒有提到鄴，但《遺令》中卻說得明白，「殮以時服，葬於鄴之西岡上，與西門豹祠相近。」

這裡所說的鄴，自然是曹操的封地鄴城了。

曹操自西元二〇四年攻下鄴後，即開始將鄴建成實際上的都城。特別是二一三年加封魏公之後，他獲得了東到山東西部，南起湯陰（今河南安陽），西納林州（今河南林州），北達曲周（今河北邯鄲）、邢臺的十個郡做為新的領地。因而他於公將鄴視為都、於私則將鄴視為家。死後葬在鄴城附近，比其他任何地點都更合乎情理。

除了《終令》和《遺令》，其他文獻幾乎無一例外地指向曹操死後葬在鄴城西部。曹丕《武帝哀策文》「前驅建旗，方相執戈，棄此宮廷，陟彼山阿」，說的是離開家為父親送葬，「陟彼山阿」，就是走向崇山峻嶺之意，正符合今天西高穴一帶的地形特點。

曹植的《武帝誄》：「既次西陵，幽閨啟路。群臣奉迎，我王安厝。」西晉文學家左思在他的《魏都賦》中，有「墨井鹽池，玄滋素液」之句。同時代人張載為「墨井」（煤礦）作注說：「鄴西、高陵西、伯陽城西有墨井，深八丈。」上述三地，鄴、高陵、伯陽城為由東向西敘述，由此可以知道高陵在鄴城之西、伯陽城之東。

伯陽城是戰國時魏國邊邑，見於《史記》。現漳河南岸有清流村（原為安陽縣屬地，一九五三年劃歸河北磁縣），該村西北便是伯陽城遺址，今已被岳城水庫淹沒。至今清流村尚有「白羊城、黑狗寨」等說法。所言白羊城，就是被岳城水庫淹沒的伯陽城。

晉陸機《弔魏武帝文》中，同樣直說曹操「葬於鄴之西崗上，與西門豹祠相近」。

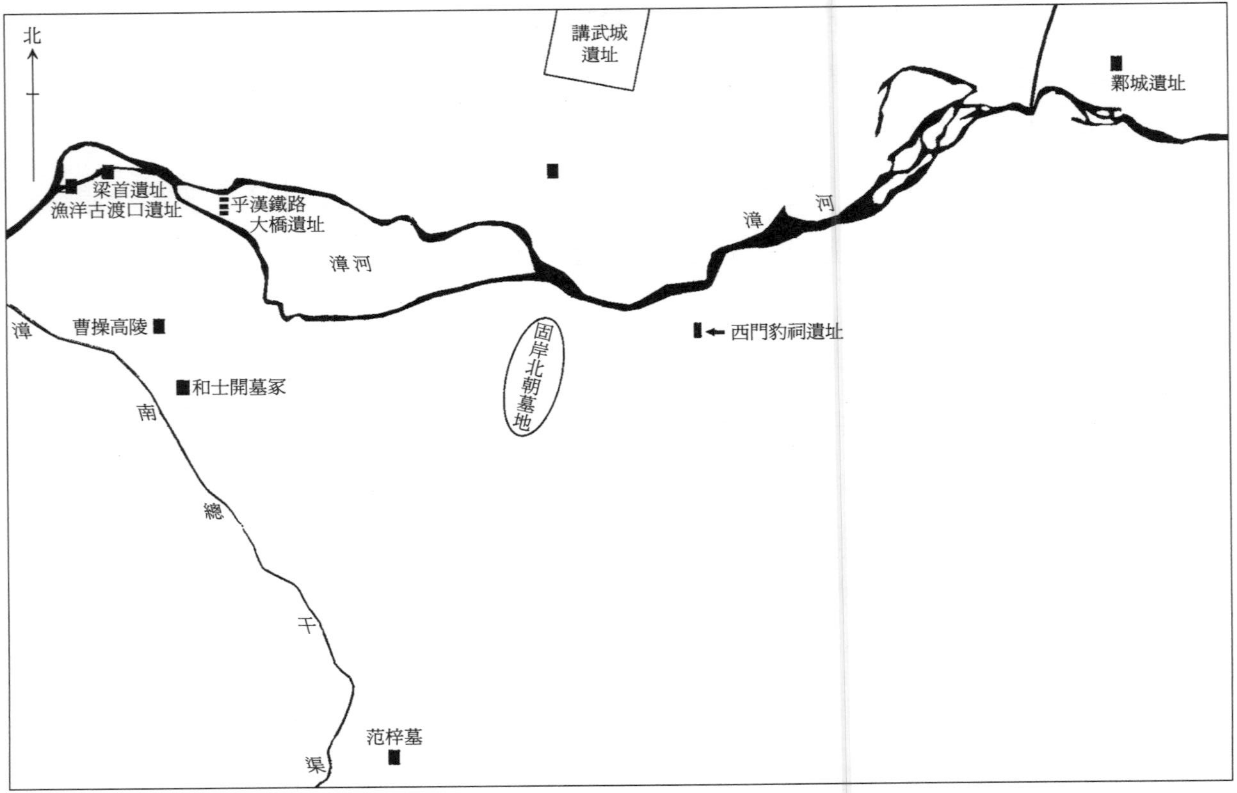

西高穴二號墓（曹操高陵）與西門豹祠、銅雀臺（鄴城）位置關係圖（劉子彧據周立剛提供的圖重繪）

所以西晉時，高陵的位置是極準確的，幾乎無人不曉。

貞觀十九年（六四五）二月，唐太宗在御駕親征高麗途中路過鄴。他親自拜謁了曹操的高陵，並親筆題寫《祭魏武帝文》。

唐代《元和郡縣誌・相州・鄴縣》也明確記載，「魏武帝西陵，在縣西三十里。」唐代許多文人，如李邕、沈佺期、劉商、岑參等人，均知道曹操葬在鄴西，著有詩作，不作疑義。

說明唐代初年，人們仍然明確知道曹操陵墓在鄴城附近的具體位置。

今天河北省最南部的臨漳縣有一座古城。此城始築於春秋齊桓公時代，戰國初屬魏。三國時，袁紹曾一度據鄴，以之為政治中心。建安九年（二〇四），曹操擊敗袁紹，占據此城。建安十八年（二一三），曹操受封魏公後，加強對鄴城的建設，在城內修建魏國的「社稷宗廟」。建安二十一年（二一六），曹操進封魏王，設天子旌旗，出入警蹕。鄴即實質上取代許都，成為曹操的「王業之本基」[14]。

14 酈道元《水經注・卷十・濁漳水》，商務印書館，一九五八年。

今天的鄴城遺址仍然保存著歷史遺跡，其中包括「銅雀春深鎖二喬」的銅雀臺。這個充滿哀怨的故事，至今仍然令人們對風流倜儻的周瑜同情不已。

曹丕稱帝後，鄴城過渡為曹魏的五都之一。

一九八三年，中國社會科學院考古研究所和河北省文物考古研究所合作組成鄴城考古隊，開始對鄴城遺址進行全面的勘探發掘工作。

考古發掘證實，今天能夠見到的鄴城遺跡，由南、北兩部分組成。北部稱為鄴北城，南部稱為鄴南城。

鄴北城修建年代更早。曹操所據的鄴城，實際上是鄴北城。

十六國時期的後趙（三三五—三五〇）、冉魏（三五〇—三五二）、前燕（三五七—三七〇）均建都於鄴北城。北朝時期的東魏（五三四—五五〇）增建鄴南城，建都於此，一直到五七七年北齊滅亡，鄴都是都城。在中國都城發展史上，鄴城占有重要地位。

鄴北城平面基本呈方形，東西寬兩千四百米至兩千六百二十米，南北長一千七百米。

城內有一條東西向大街，將全城分為南北兩部分。東西大道以北，為官署和行政中心。宮殿區西為銅雀園，是王家囿苑。銅雀園就著城牆，自北而南修建了冰井臺（北）、銅雀臺（中）、金虎臺（南）。銅雀臺建於建安十五年（二一〇），高十丈（約二十三米）；金虎臺建於建安十八年（二一三），高八丈（約十八．四米）；冰井臺築於建安十九年（二一四），高八丈（約十八．四米）。現今冰井、銅雀、金虎三臺遺跡尚存。

今天一〇七國道往東行約五千米，在漳河北岸即可看到三臺遺跡。三臺既存，鄴城的位置是無法否認的。

鄴南城是東魏高歡增建的。西元五三一年，高歡以北魏丞相身分駐鄴。五三四年，高歡立清河王元亶之子元善見為帝，是為東魏孝靜帝。從此魏分東、西。東魏天平二年（五三五），高歡嫌舊鄴城（即鄴北城）過於窄隘，便動員數萬人，在北城南邊營建新宮。元象二年（五三九）九月，又動員十萬人，拆洛陽宮殿木材，運抵鄴地建造宮城，繼而鑿渠引漳水周流城廓。高歡修建的新城，稱為鄴南城。鄴南城與鄴北城一同使用。

北周靜帝大象二年（五八〇），柱國大將軍尉遲迥起兵反抗楊堅，楊堅一氣之下攻下鄴城，並將鄴城宮室付之一炬，同時將鄴城之民遷至城南三十里（今約十五千米）的安陽。

千年名都，毀於一旦，繁華的六朝古都變成一片廢墟。

隋唐以後，鄴城更加荒涼。隋時段君彥的《過故鄴》，留下了概括鄴墟情景的詩句：

舊國千門廢，荒壘四郊通。

盛唐時邊塞詩人岑參《登古鄴城》的詩篇，更描繪了古鄴的荒涼景象，並頗有所感：

下馬登鄴城，城空復何見。
東風吹野火，暮入飛雲殿。

到了中唐時期，鄴城已成為廢墟。唐末詩人聶夷中《早發鄴北經古城》詩云：

微月東南明，雙牛耕古城。
但耕古城地，不知古城名。

按照歷史上多數帝王都葬在都城附近的規律，西高穴二號墓的墓主人應該與鄴城密切相關。考慮到西高穴二號墓是東漢末期墓，與其關聯者，當然應該是鄴北城遺址。

從地理上說，除鄴城之外，西高穴大墓還有三處重要的相對位置關係。

其一，墓葬北部有漳河。

曹丕在《答臨淄侯植詔》中說：「欲祭先王於河上，覽省上下，悲傷感切。」

其二，東部十里（五千米）左右有西門豹祠。

河南安陽、河北臨漳一帶，有多處傳說中的西門豹祠。有安陽豐樂鎮的西門豹祠、河北邯鄲臨漳縣仁壽村的西門豹祠及元城（今河北大名縣）的西門豹祠等。哪一處是早至漢代的呢？

豐樂鎮西門豹祠位於古鄴城西，漳河南岸，距今漳河大橋南行一千米處。這裡目前仍存有高出周圍兩到三米的高地，其上至今還散落著不少東魏、北齊時的磚瓦殘片。說明在東魏、北齊時，這裡曾有地面建築，比如廟宇、宮殿等[15]。根據考古隊實地調查，這裡存在的磚瓦殘片還不止有東魏、北齊時期的，還有東漢時期的。

河北臨漳縣文物保管所曾徵集到一件後趙建武六年（三四〇）的勒柱石刻，據說為此遺址所出，上面刻有重建西門豹祠的一些情況，由此可認定此為西門豹祠的遺址。

其三，墓葬埋在崗地，屬「擇高而葬」，而且周圍比較開闊。

曹操陵園與墓室的營造

文獻還表明，曹操墓上曾經建有墓上建築，也即陵園。其中最明確的一條文獻來自曹丕羞辱于禁的故事。

于禁是曹操的大將，曾為曹操統一北方立下巨大功勞，但後來不幸在與關羽的一場大戰中被擒獲。于禁晚節不保，投降了關羽。關羽死後，于禁回到曹營。曹操念其早年有功，沒有特別責怪于禁，但曹丕卻耿耿於懷。他稱帝之後，曾派于禁出使東吳，臨行前故意讓于禁先到鄴城去拜謁曹操墓。結果于禁在曹操墓上的「陵屋」中看到的卻是他自己戰敗被擒、屈膝請降的壁畫。最終于禁羞慚憂慮發病而死[16]。

曹丕之用心，可謂有些過分，但這條記載卻說明曹操墓前確實建有殿堂。曹操墓陵園中的建築，數年後即被拆除。

黃初三年（二二二），曹丕下詔[17]：

古代不在墓地祭祀，而是將祭祀安排在廟中進行。將設在先帝高陵的陵園殿宇拆去，將車馬趕回家來，衣服也收藏入府，以順從先帝節儉的品德和志趣。

曹丕的這份詔令似乎也說明，這個陵園的設置並非曹操本意，而是曹丕等人擅自為曹操辦的。

曹操的墓是如何建造的呢？

15 劉心長〈曹操墓研究〉，《新華文摘》，一九九八年第一期。

16 陳壽《三國志．魏書．于禁傳》。

17 杜佑《通典．禮十二》，「古不墓祭，皆設於廟。先帝高平陵上殿皆毀壞，車馬還廄，衣服藏府，以從先帝儉德之志。」

曹操做為漢室丞相，先為魏公，後為魏王，最終漢獻帝封他「設天子旌旗」，可以相信他死後墓葬的形制與規格，當是帝王一級。

雖然曹操沒有明確交代他的墓要採用什麼形制、什麼結構，但他的《終令》也透出一些線索。其中涉及葬法的內容有兩處：

- 因高為基，不封不樹：即利用崗地來建造墓室，地表不堆封土、不樹碑。
- 廣為兆域，使足相容：保證周圍有足夠的空間，以將來容納陪葬自己的親信功臣。

《終令》中的一句「其公卿大臣列將有功者，宜陪壽陵，其廣為兆域，使足相容」，足以說明曹操並非孤獨地葬於鄴西。曹操身邊的公卿大臣和列將功臣活得比曹操還長的大有人在，例如夏侯惇、于禁等。西高穴二號墓西部「成對」墓葬的發現，應驗了《終令》的記載。不僅如此，曹操以帝王一級的身分入葬，他的陵區很可能還會有守陵人。

個人習性

至於裝殮和隨葬，文獻中保留下來的內容有如下三項：

- 服飾：死後穿的衣服與活著時一樣即可，不要按古制另辦壽衣。
- 安葬之後，文武百官要脫掉喪服；駐防將士不要離開駐地，官員要恪守崗位。
- 隨葬品：不要用金玉珍寶隨葬。

這完全是薄葬的理念。

曹操的個人經歷與習性，或許是另一種「死亡密碼」。文獻中還保留了一些有關曹操個人習性的史料。

1. 戎馬一生

曹操生前伐董卓、敗袁紹、除呂布、戰赤壁。其軍事經歷，幾乎無人能比。

2. 有妻妾多人

曹操妻妾甚多。其中見於文獻記載的有丁夫人、劉夫人、卞夫人、環夫人、杜夫人、秦夫人、尹夫人、王昭儀、孫姬、李姬、周姬、劉姬、宋姬、趙姬等。

3.生前有頭痛病

曹操在《遺令》中明確說了此事。

4.曾製作百辟刀

曹操留下的《內誡令》，是一份告誡自己家人的文字。其中有「百鎮利器，以辟不祥，攝服奸宄者也」的記載[18]。百煉利器，即千錘百鍊的鋒利兵器。曹操認為這種兵器可以防身除凶、震懾奸人。《藝文類聚》卷六十記載說，曹操曾下《百辟刀令》，做了五把「百辟刀」。

5.生前用香

古代家內薰香，代表地位和奢華。

曹操生前用香，但曹操用香十分儉省。他曾想禁止家內薰香，後來女兒嫁給皇帝，按制應該燒香，因此「恨不遂初禁」[19]。臨終前他叮囑將自己沒有用完的「餘香」分給諸位夫人，而不要浪費在陵祭中[20]。

第三節　此處葬曹操

二〇〇九年注定是安陽年。

先是神祕的安陽籍人士中體育彩票，獲獎勵三．九億元，舉國聚焦安陽。一場瑞雪降臨豫北之後，中國文字博物館在安陽開幕。安陽再次成為國人關注的中心。

安陽人為安陽驕傲，暗地裡期待著安陽能夠博得另一場喝采。因為考古圈早已傳開，西高穴二號墓很可能是曹操的陵墓。

18 李昉等《太平御覽》卷三四五。

19 李昉等《太平御覽》卷九八一，「昔天下初定，吾便禁家內不得薰香。後諸女配國家，因此得香燒。吾不好燒香，恨不遂初禁，今複禁不得燒香，其以香藏衣著身亦不得。」

20 曹操《遺令》。

但是二〇〇九年十二月二十七日以前，西高穴二號墓是曹操墓的說法僅僅在學界內部流傳。

隨著二號墓發掘接近尾聲，誰是該墓的墓主，自然也成為考古界需要回答的問題。考古學家則長時間埋頭於論證過程中。

不得不承認，社會各界對於考古學界確認墓葬的墓主一直存在某種誤解。許多人以為，在確認古墓的墓主身分這一問題上，大墓一旦掘開，首先應該去查找文獻，看看文獻中的有關紀錄。如果文獻中提到某個時候某人葬於某地，便以所發現的墓葬去與文獻相聯繫；如果與文獻記載對應，則認為這座古墓的墓主就是文獻中的某某；如果與文獻中的某條記載不合，則認為墓主無法確認。

不妨將這種方法稱之為「考古實物必須服從文獻記載」的方法。

然而這一方法並不科學。

為什麼不科學？問題出在哪裡？

很簡單，既然實物資料服從文獻記載，必須有一個前提：文獻記載確鑿可信。

然而事實卻未必如此。文獻關於某人或某事的記載，有時候是唯一的、也是正確的；有時候卻會出現兩種、甚至多種相互矛盾的記載，有時候記載不準確，有時候甚至完全是錯誤的或虛假的。按照文獻記載來解釋考古發掘，或者說以實物資料服從文獻紀錄，儘管有時候二者可以很好地對應，但存在解釋不表、甚至完全錯誤的危險。

當文獻記載存在多種說法的時候，受過一定訓練的學者一定會先對文獻進行整理，剔除不可靠紀錄，歸納文獻記載的主流信息，再通過具有可信度的主流信息來解釋考古發現。這是優於依據某些特定文獻記載來判定墓主的作法，但是在具體的操作過程中，由於甄別每一條紀錄的真實性存在困難（遇到文獻中的漏記和誤記可能更加束手無策），有時候會面對複雜的文獻資料而難以確定主流信息。

二十世紀九〇年代，西方考古學界曾激烈批評過某些中國考古學家研究工作中的「證史傾向」，即考古實物資料服從於文獻記載的作法。無論中外學者，在如何處理文獻紀錄與實物資料關係這一點上，都有過沉痛的教訓。

因此，在做考古發現的解讀工作時，應反對簡單地套用文獻材料，尤其不能抓住某條特定紀錄，來評價某項考古發現正確或錯誤。

正確的方法，應該首先讓考古材料「自己發表意見」，然後將考古材料所得出的結論與文獻記載咬合。這種方法的立足點是材料，文獻記載屬於第二位。考古材料「自己發表的意見」，在與文獻記載相聯繫之前，完全獨立於文獻之外。自然，文獻材料本身也必須按文獻學的法則進行「去偽存真」的處理，其中的「特定紀錄」或「單條文獻記載」要服從於從可信文獻中得出的「主流信息」。

為什麼要立足於考古證據？原因很簡單，考古材料通常不會是假的，即使有人造假也可以識別。如果漢代一座房屋倒塌後被埋在地下，它仍然是一座真實的漢代建築。為什麼是「咬合」？這是因為，考古資料就某問題所提供的信息常常不會是一條，很可能是「證據鏈」。每條證據所起的作用並不相同，但每一條證據之間都是相關聯的。為保證研究的科學性，不應該使用單條證據，而應該立足考古「證據鏈」去檢驗文獻中的「主流信息」，觀察兩者的契合程度，最終得出結論。

西高穴墓葬的「死亡密碼」，可否與文獻中曹操的死亡線索相印證呢？

西高穴大墓是一座東漢末年的墓葬，曹操死在東漢末年。

西高穴大墓無論從規模還是規格判斷，都屬帝王一級。曹操雖未為天子，但可以「設天子旌旗」、「備天子乘輿」，是東漢末年的實際掌權者。死後按帝王的規格安葬，合乎情理。

中國古代帝王，十有八九都葬在都城附近。西漢帝陵在漢長安的北面；宋代帝陵在鞏義；明代帝陵在北京。西高穴東北三十里（約十五千米）的鄴城，正好是曹操時期的都城。曹操自建安九年（二〇四）攻陷鄴城後，以此為都十七年。特別是西元二一三年，曹操封爵魏公後，鄴城實際上成了全國的政治、文化和經濟中心。

從鄴城的三臺遺址出發，沿漳河南岸向西走不足三十里（約十五千米），便是今天的安豐鄉西高穴村和漁洋村。西高穴二號墓的位置，從地理上滿足了曹操要求他的兒子們「時時登銅雀臺，望吾西陵墓田」的要求。西高穴村一帶，本來就是古代鄴郡或鄴縣的一部分。關於這一點，唐代碑刻和墓誌銘，都可以「表態支持」，例如唐朝開元三年（七一五）的《相州鄴縣天城山修定寺之碑》、開元七年（七一九）的《大唐鄴縣修定寺傳記碑》，都銘記位於今安陽縣西北的清涼山修定寺屬於當時的鄴縣。西高穴村的位置，甚至比修定寺更靠近三臺遺址。

西高穴大墓不僅通過其與鄴城的相對位置關係，與曹操墓聯繫起來，而且其自然地理位置或地貌特徵，也與文獻中的曹操墓地望相對應。

判定墓主身分的考古學信息（作者總結）

基本信息	墓主人係男性（體質人類學鑑定結果）
	死亡年齡當在六十歲以上（體質人類學鑑定結果）
	葬於東漢末年（墓葬結構、出土文物可證）
	有帝王一級身分（墓葬的規模、規格，尺寸超大的圭、璧等文物可證）
	生前經歷可能與鄴城相關（墓葬東三十里有故鄴城）
個性化信息	死後有「魏武王」諡號（墓中出土的刻有「魏武王」的石牌可證），但後世又被稱為「魏武帝」（後趙魯潛墓誌可證）
	生前有過豐富的軍事經歷（墓葬中出土有鐵鎧甲和鐵刀），同時又愛「舞文弄墨」（墓葬中有石牌刻著「書案一」，同時出土有陶硯臺）
	生前有頭頸病或頭頸不適（墓主頭骨＋「魏武王常所用慰項石」）
其他相關信息	墓葬位於崗地（墓葬所在地正是一處崗地）
	墓葬東距西門豹祠不遠（東十里有西門豹祠）
	墓西有陪葬墓（陪葬墓兩兩一組，與二號墓形成東西方向的線性關係）
	墓頂未加封土，沒有墳丘（考古發掘可證）
	墓主人生前曾經用香（墓中有石牌刻寫「香囊卅雙」）

文獻中有關曹操的臨終前後（作者總結）

基本信息	男性
	死亡年齡六十六歲（《三國志．魏書．武帝紀》）
	謝世時間為西元二二〇年，其時漢獻帝尚未被廢黜，恰為東漢末年（《三國志．魏書．武帝紀》）
	西元二一三年被漢獻帝封為「魏公」，二一六年晉爵為「魏王」。奉詔可「設天子旌旗」，擁有比肩帝王級的身分（《三國志．魏書．武帝紀》）
	西元二〇四年率軍破鄴城，此後「鄴」為其事業發跡之地。北宋以前文獻，均謂曹操死後葬於「鄴西」（《三國志．魏書．武帝紀》）
個性化信息	西元二二〇年謝世，獲諡號「武王」。下葬八個月，曹丕稱帝，又被尊為「武皇帝」，後世遂以「魏武帝」稱之（《三國志》相關文獻）
	征戰無數又登高能賦，文學成就與軍事成就並駕齊驅（《三國志．魏書．武帝紀》）
	生前確有「頭風病」（《遺令》）
其他相關信息	葬於崗地之上（《終令》）
	葬於西門豹祠以西（《終令》）
	有陪葬墓（《終令》）
	墓葬「不封不樹」（《終令》）
	臨終前曾將餘下的香料分贈各位夫人（《遺令》）

西高穴大墓附近是一處崗地，其地海拔一〇七米，明顯高於周圍。墓葬周圍地勢開闊，與曹操《終令》中所言地貌特徵完全一致。

曹操所葬地與河相近，被曹丕等無意間透露出來，而西高穴大墓正在漳河岸邊。

曹操《遺令》明確提到他的葬地與西門豹祠的相對位置。魏晉至唐代諸多文獻中，似乎也特別偏好拿西門豹祠來說曹操高陵。西門豹祠的實際位置，經過考古調查，已確認就在西高穴二號墓以東十里（約五千米），準確印證了文獻的記載。

時間線索、地理線索均得到考古發掘的實證。表面上這是破解謎團的兩個維度，但其中地理線索方面的印證，其實已經不只是「一對一」的對應，而是「咬合」。漳河、山巒、高崗、鄴城、西門豹祠，無不縫接。

西高穴二號大墓地面發現陵園，文獻顯示曹操下葬時地面建有陵園。

《終令》記載說曹操要求自己的「壽陵」要「廣為兆域」，以便有足夠空間安排其公卿、大臣、列將有功者陪葬。西高穴二號墓西部發現四座帶墓道的漢墓，四座墓東西向一字排開，兩兩一組，與二號墓保持線性布局，明顯是有意識的安排。從墓葬規模上，四座墓小於二號墓，正是陪葬墓的特徵。

甚至我們可以問自己一個問題：為什麼西高穴村的村民以徐姓為主？是否當年跟隨曹操馳騁疆場的大將徐晃家族，或者家族的一部分成了護陵人呢？

《遺令》顯示曹操要求薄葬、不封不樹。所謂「不封不樹」，指的應是不堆封土。西高穴二號大墓未發現封土，印證了文獻。

雖然墓葬在被盜的情況下還出土了一千餘件，但多屬「常所用」之物。薄葬不等於草葬，更不等於裸葬。西高穴二號墓以帝王等級，隨葬這些器物，仍屬薄葬範疇。

西高穴大墓與曹操「死亡密碼」，還有幾項「唯一對唯一」的排他性對應關係。

西高穴二號墓的墓主人，下葬時雖然是「魏武王」身分，但死後卻被人稱作「魏武帝」。

由「王」變「帝」，一字之差，身分卻發生了質變。

怎麼知道西高穴二號墓的墓主後來變成了「魏武帝」？答案在魯潛墓誌上。魯潛墓誌上說，魯潛墓距「魏武帝陵」的西北角「西行四十三步」。

西元二一三年曹操封魏公，二一六年封魏王，二二〇年正月曹操去世後，入土下葬之前，漢獻帝又賜諡號「武王」。僅過八個月，曹丕稱帝，曹操又被追尊為「武皇帝」。這一系列稱號的變化，竟然也與西高穴大墓的墓主人墓內稱「魏武王」、死後被稱為「魏武帝」相對應。這同樣是「唯一對唯一」的對應關係。

那麼「魏武王常所用挌虎大戟」，會不會是曹操生前將自己用過的「大戟」，賜予了某位「愛將」，「愛將」死後，將曹操賜予的「大戟」隨葬於自己的墓葬中呢？例如，如果張遼或許褚生前獲得了曹操的幾件武器，張遼或許褚死後，將武器做為「榮譽」，貼上標籤，隨葬於自己的墓葬之中。

如果真這樣，「魏武王常所用挌虎大戟」豈不正好成了否定西高穴二號大墓是曹操墓的鐵證？

這個問題聽起來刁鑽，實際並不合情理。

生前節儉的曹操將其「常所用」之物贈與臣僚，若是一件、兩件尚可理解，怎麼可能贈這麼多？如果真有某位重臣有幸獲得「魏武王常所用挌虎大戟」，他又有何理由、有何能力按帝王規格為自己建一座墓？

帝王規模的大墓中出土有「魏武王」石牌的墓主，可能性最大的就是曹操。

墓主下葬時稱「魏武王」，但魯潛墓誌卻稱「魏武帝」。中國浩如煙海的古代文獻裡，能夠符合生前稱「魏武王」、死後稱「魏武帝」者，僅曹操一人。

曹操生前的某些個人習性，在西高穴墓葬中也有所反映。

西高穴二號墓出土了鐵鎧甲、鐵劍、鐵戟等兵器，曹操戎馬一生。

西高穴二號墓出土了「慰項石」，文獻記載曹操有頭痛病。

西高穴二號墓內出了刻有「百辟刀」的石牌，文獻記載曹操生前曾打製「百辟刀」。

西高穴二號墓出土了刻有「香囊卅雙」的石牌，文獻記載曹操生前的確薰香。

西高穴二號墓除發現男性墓主外，又在後室的兩個側室中各發現一具棺木，並發現兩枚女性頭骨。文獻中的曹操曾有妻或妾多名。

細節之間的相互條件滿足，加強了西高穴大墓與曹操之間的對應關係。

西高穴二號墓那個死在東漢末年、葬在鄴城西三十里高崗上、具有帝王級地位、實行了薄葬、頭部有病、下葬時為魏武王、死後被人稱為魏武帝的人，只能是曹操！

西高穴二號墓那個生前使用「百辟刀」、死後隨葬有「木墨行清」、隨葬有香囊、八寸機、白練單裙的人，只能是曹操！

西高穴大墓的墓主是曹操，則墓內那枚六十歲以上的男子頭骨只能屬於曹操。因為曹操死時正好六十六歲。

安陽西高穴二號墓，只能是曹操墓，也即文獻中的曹操「高陵」。

第四章　質疑與反質疑

第一節　風雨曹操墓

羅貫中的《三國演義》，以及流行於瓦肆間的故事說唱，使得曹操在民間家喻戶曉。早已深入人心的「七十二疑塚」說，迅速讓人們心中升起一個問號：考古隊在安陽發現的曹操墓是真的嗎？

圍繞曹操墓的真偽，社會一夜之間分成兩派：「挺曹派」和「反曹派」。雙方各抒己見、爭執不斷，逐漸釀成一場「曹操墓風暴」。

「曹操墓風暴」始於二〇〇九年十二月二十八日，也即河南省文物考古研究所在北京發布「曹操墓在河南安陽被發現」新聞的第二天。

網路，方便了人們表達意見。有人在「微博」中提出一個簡單的問題：考古隊會不會只是挖了座「七十二疑塚」之一的墓呢？這個問題一拋出，無數質疑隨之而來：有人說考古隊為了配合政府「拚GDP」，可能人為造了一座假墓；有人說，雖然墓葬本身是真實的，但考古隊偽造了做為「關鍵證據」的隨葬品——帶有文字的六邊形和圭形石牌，以便證明墓葬是曹操本人的墓；又有人說，即使考古隊沒有造假，學者們在論證曹操墓的過程中犯了學術錯誤；更有人高調表白自己的「嚴謹」態度：只要不出土印章，便不能說是曹操墓。即使是曹操墓，也不要急於下結論。

隨著社會上質疑聲音漸起，官方也開始做出回應。

最先回應質疑的是中國社會科學院。中國社會科學院深知責任重大。發聲前，其旗下唯一的考古學術機關——中國社會科學院考古研究所出於慎重，決定組織專家前往安陽，承擔起核實和論證的職能。

冬日的安陽，寒風刺骨。二〇一〇年一月十一日，專家組一行十二人到達曹操墓發掘現場，對墓葬結構及出土文物進行了詳細觀察。經過內部討論，專家組達成基本意見：同意河南省文物考古研究所的結論，認為西高穴二號墓可以認定為曹操墓。

二〇一〇年一月十四日，中國社會科學院考古研究所以「中國社會科學院二〇〇九年公共考古學論壇」的形式，公布對安陽曹操墓的分析論證結果。專家們從墓葬形制、隨葬品組合、墓葬、文物與文獻記載的相關性及人骨鑑定等多個角度，向社會和媒體解釋了西高穴二號墓可以認定為曹操墓的理由。

專家們的解釋並未平息風波。在專家公布論證結果前約兩週，二〇〇九年十二月二十八日，《光明日報》專門負責文物考古口的資深記者李韻親自執筆，在《光明日報》第五版「觀察與探索」專欄，以大篇幅寫下了一篇著名報導，「中國社會科學院等方面專家基本認定：西高穴大墓是曹操的陵墓」。

標題使用了最通俗的語言「西高穴大墓是曹操的陵墓」，顯示《光明日報》想將話說給最普通的大眾聽，但「認定」二字前面加了「基本」的限定語，透露出專家組可能有不同意見。為什麼是「基本認定」？還有什麼可以猶豫的呢？

報導中的些許「遲疑」給了質疑者「翻盤」的機會。質疑之聲並未因官方報導和解釋停止，甚至越演越烈。當時有網友在新浪網註冊了「曹操吧」，一時吸引粉絲無數。貼吧裡盡是「挺曹派」與「反曹派」激烈的交鋒。

冬天過去了。短暫的春天也很快過去了。華北迎來了夏日炎炎，同時也迎來了一年一度的「全國十大考古新發現」評選。

二〇一〇年的六月十二日是全國「文化遺產日」，國家文物局在蘇州公布了入選的十個專案，經過專家投票，曹操墓毫無懸念入選。持續高度關注曹操墓的《光明日報》，再度大幅報導了評選結果。曹操墓入選「十大」，對社會上的「反曹派」來說是重大打擊，卻並沒有阻止一些執著人士的質疑。

六月二十一日，有人稱西高穴二號墓的墓主並非曹操，而是曹魏末代皇帝曹奐，居然獲得無數擁躉。

面對質疑，學術界保持著耐心和克制，但也有學者擔心有人利用曹操墓事件達成私利。筆者在接受《光明日報》記者柳霞專訪時，拋出另類觀點：對曹操墓真偽的爭論，讓我們感受到國人對誠信的呼喚、對社會道德能否全面得到提升的憂慮。但同時我們還要謹防那些佯裝嚴謹，拿曹操墓事件當作「道德秀場」的「學者」和藉此炒作自己的學術流浪漢[1]。筆者在採訪中說，學術界存在兩種學術不端：一是曲解資料胡亂放話；二是拿學術當秀場，不腳踏實地研究材料，蓄意炒作。前者很容易被揭露，後者卻尚未引起大家重視，但兩者都不容於學術殿堂。

1 柳霞〈別讓考古變秀場〉，《光明日報》，二〇一〇年六月二十九日，第〇〇五版。

訪談似乎點到了某些質疑者的要害。不久，網路上出現一幅「調侃」筆者及當時的「挺曹派」核心人物、中國社會科學院考古研究所前所長、秦漢考古大家劉慶柱先生的合成「漫畫」。背後因由，可能是筆者接受採訪時言語過於「傲慢」，才導致有人在網絡上「惡搞」。

曹操墓入選「十大考古新發現」後，「挺曹派」顯然占了上風，但「反曹派」不甘寂寞。

二〇一〇年八月二十一日，部分質疑派自發匯聚蘇州，開了一次號稱「三國文化全國高層論壇」的會議。這次會議目的明確，就是要「顛覆」官方對曹操墓的認定。會議結束後，組織者給媒體的新聞稿以「大尺度」表達了自己的聲音：安陽曹操墓在發現與發掘過程中存在人為策劃、蓄意造假的行為……安陽西高穴大墓的墓主另有其人。

八月二十六日，有人稱經過「暗訪」，發現曹操墓「出土」的石牌是考古隊「埋地雷」的結果，實際卻是河南南陽張衡街「製造」。

九月一日，甚至有人稱，考古隊收了安陽市政府兩千三百萬元經費後參與造假。

機智卻明顯知識儲備不足的網友立即跟帖說：考古隊在安陽發現兩個人頭，一個是曹操的，一個是曹操小時候的！

新一波的所謂「質疑」，除了喊幾句口號，並未提供任何證據。學術界本可不做回應，但肩負責任的學術界還是決定以規範的方式向社會做出解釋。

九月十八日，中國秦漢史學會邀請一百零三位專門從事漢魏歷史和考古研究的學者，齊聚河南內黃，召開了一次「曹操高陵考古發現專家座談會」。會上再次對曹操墓的定性問題進行了討論，會議的結論仍然認為安陽西高穴大墓可以認定為曹操墓。

十月一日，《中國文物報》第六版和第七版全面報導了來自全國及國外的秦漢魏晉考古和史學工作者，對西高穴大墓「非曹操墓說」和「曹操墓造假說」的回應，公開呼籲非專業人士不必猜想過度，讓社會「回歸學術探討」。

此後，專業圈內開始逐漸淡出爭議，不再頻繁回應在他們看來沒有意義的「質疑」，而是按照學術界邏輯有序展開工作。

二〇一二年，國家文物局在北京組織「曹操高陵文物保護方案論證會暨曹操高陵保護規劃」論證會。

二〇一三年，國家文物局將曹操墓列入全國重點文物保護單位。

隨後是曹操高陵博物館開始修建，館內陳展大綱開始論證。質疑之聲也逐漸淡去。

二〇二三年，曹操高陵遺址博物館終於迎來了開館之日。

第二節　傾聽質疑聲

整座墓造假

許多人對西高穴二號墓的最初反應是：整座墓造假。

整座墓造假當然不值一駁。西高穴村就坐落在西高穴二號墓邊上，倘若考古隊在旁邊修建一座假墓，村裡的數千村民會沒有察覺？村裡的土地，麥苗油油，考古隊若占地拋苗，村民還不得找他們拚命？

整墓造假的指控，似乎全然憑著一腔義憤，冷靜下來，便會知道整座墓造假沒這麼簡單：大面積掘開麥地修建十五米深的大墓而不為人知不可能，磚結構的墓壁抹上石灰再做舊不可能，在墓葬中「製作」兩具木棺並將其摻入泥土中化成若隱若現的「棺痕」不可能，殺三個人將其頭皮剝去再悄無聲息地放入墓中也不可能……

二〇一〇年，中央電視臺反覆播出曹操墓的相關考古現場照片，香港鳳凰衛視也策劃了幾期節目，客觀報導了「反曹派」的質疑聲音和「挺曹派」的回應，社會上相信整座墓造假的人自然越來越少。雖然直到二〇一〇年九月，還有人聲稱考古隊收了安陽市政府兩千三百萬元，並公然造假，但無中生有的指控因為根本沒有證據，最終再無聲息。

考古隊通過偽造關鍵證據，強行將一座漢墓認定為曹操墓

奇怪的是，「反曹派」似乎被一隻無形之手在操控著。隨著「整墓造假」的質疑銷聲匿跡，他們退守第二道防線：西高穴二號墓的墓葬是真的，但考古隊偽造了「關鍵證據」，將一座東漢墓葬強行解讀成了曹操墓。

這一次，「反曹派」並非全然「防守」，而是在防守的基礎上多點出擊。大家紛紛貢獻自己的智慧，對考古隊偽造證據一事大加猜測。

什麼是「關鍵證據」？多數人認為，西高穴大墓之所以被解讀成曹操墓，最重要的

「證據」是墓內出土的刻字石牌。於是出現以下指控：

帶字圭形石牌和帶字六邊形石牌是偽造的

的確，考古學界認定西高穴二號墓是曹操墓的關鍵證據之一，便是刻寫有「魏武王常所用挌虎大戟」、「魏武王常所用挌虎短矛」，以及諸如「胡粉二斤」、「黃豆二升」一類的帶字石牌。

但質疑者說，考古隊事先在南陽張衡街找人預製了一批石牌，刻上文字後帶到考古工地，趁無人之時埋入墓內土中，次日再由參加發掘的技師或民工「發掘」出來。有人帶著得意之色在電視上炫耀自己的知識：這種方式在盜墓行業中稱為「埋地雷」；考古隊通過埋地雷的方式，將偽造的「關鍵證據」冒充發掘品，納入論證過程，從而得以將一座漢代大墓解讀成了「魏武王」的墓葬。

鳳凰衛視的一位網友出面「證實」這種指控。他觀看了筆者參與的一檔辯論節目後，跟帖責罵筆者說：「考古狗官，明明在造假還不承認。你看石牌上居然有簡體字……」

還有一位博士畢業、學問很大的學者，利用電腦技術廣泛查詢文獻後，在「曹操吧」發帖說，他找到了考古隊造假的「鐵證」。據他認真查閱，「黃豆」二字在中國古代文獻中，首次出現於唐代。如果西高穴二號墓是曹操墓，那就意謂著東漢末年便有「黃豆」這個詞彙了。這怎麼可能呢？難不成「唐朝的黃豆」蹦進了曹操墓？

魯潛墓誌是偽造的

有位大學教授突然在「曹操吧」公布自己的「重大發現」：雖然曹操墓是二〇〇八

出自曹操墓的「七女復仇」畫像石

質疑者認為此石斷成三截，是因為考古隊「造假」時使用電鋸「鋸」開的（作者攝）

年才開始發掘，但早在十年前便已開始作偽。他推測一九九八年被徐玉超發現的魯潛墓誌，其實也是考古隊預先埋下的「地雷」。

有網友發帖聲援這位教授說：是的，這方墓誌一定是假的，因為整塊誌文長達一百二十字，居然一個標點符號都沒有，焉能不假？

墓葬內畫像石是偽造的

在某衛視的一檔節目上，某位知名教授指著一塊斷為三截、據說是出自曹操墓的畫像石說：你們看，這塊斷成三截的石頭，上面還留有考古隊用電鋸作偽的痕跡。類似的指控不一而足。

學術界在「認定」曹操墓時存在學術失誤

面對考古證據，部分質疑者發現質疑「造假」是多麼蒼白無力，卻難以接受西高穴二號墓就是曹操墓的結論，於是埋頭找碴，開始在學術界關於曹操墓的論述中「雞蛋裡挑骨頭」。

有人自視甚高，認為學術界可能不知道世間還有「七十二疑塚」的傳說，提醒考古隊西高穴二號墓並非曹操墓，而是曹操當年設置的「疑塚」之一。

有人根據中國人大都葬於家鄉附近的特點，提出生於安徽的曹操不可能葬在安陽，而應該在他的老家亳州尋找。

有人說西高穴二號墓的墓葬規模不夠高，不符合「帝王墓」的規制。

有人說中國歷史上稱為「武王」的並非曹操一人。五胡亂華時期，冉魏的冉閔也曾被尊為「武悼天王」，因此不能排除西高穴二號墓是冉閔的墓葬。

有人說考古隊搞錯了此墓的年代，並指責考古隊由於害怕造假被「揭穿」，因而不敢做熱釋光，更不敢做碳十四測年。鑑於年代未定，有人推測墓主可能是去世時間更晚的曹奐、石虎，或者常林，甚至是夏侯惇。當然，也有人說此墓年代更早，應該是梁惠王的墓。

有人說西高穴二號墓中出土的「挌虎大戟」、「挌虎短矛」不是曹操自己的，而是曹操將其「賞賜」給了某位將士，因而該墓是曹操某位將士的墓葬。

曹操的《終令》明確說過「其公卿大臣列將有功者，宜陪壽陵，其廣為兆域，使足相容」，但為什麼曹操墓附近只發現西高穴二號墓及旁邊的一號墓呢？這明顯是學術邏輯不整合，因為考古發現不符合《終令》的記載。

二〇一〇年，曹休墓在洛陽被發現。由於墓中出土了曹休的印章，社會上居然無人質疑曹休墓的認定。但有人將西高穴二號墓與曹休墓加以比較，執意認為曹操墓的規模不及曹休墓，由此指出考古界認定曹操墓顯然是錯誤的。

最經典的質疑，是有學者注意到西高穴二號墓中出土了一件「陶圈廁」。所謂「陶圈廁」，是東漢時期豬圈與廁所連體的陶質明器。其器形特點是上有蹲位、下有豬圈。有位學者說，養豬是民間的事情，曹操貴比帝王，怎麼可能會隨葬「陶圈廁」呢？網友機智跟帖：這座墓要麼不是曹操的，要麼曹操是個養豬的。

似乎人人都在「秀」自己的那點歷史知識。質疑者抓住一點，無視其餘，在網路上翻雲覆雨，甚至要求學術界屈從「民意」。

暫時擱置曹操墓的認定

除上述質疑外，少數學者藉機將自己打扮成世界上最嚴謹的學者，發聲說：既然暫時不能認定，就乾脆不急於認定。

此種聲音的出現，似乎證實了筆者在接受《光明日報》採訪時的擔憂：曹操墓事件，果然成了部分人的「道德秀場」。

第三節　質疑背後的真相

事實上，曹操墓發掘之後，社會上的種種質疑，有的隨著事件的發展自行消解了，如整座墓造假，事後再無人相信。但也有一部分質疑，許多人仍然不明真相，需要加以澄清。前文已經解釋了曹操墓的形制規格、陪葬墓，不再贅述。以下就其他具體質疑進行解釋。

七十二疑塚

說起曹操墓，不得不說「七十二疑塚」。西高穴二號墓會是狡猾的曹操設的眾多疑塚之一嗎？

「疑塚」即假墳。唐代人張瑝、張琇為報殺父之仇，刺殺一個叫萬頃的人，結果自己也被處死。兩人死後，有人收屍將他們葬在河南邙山上，但又擔心萬頃的家人知道了會掘墳，於是設置了幾處疑塚[2]。這是設疑塚防尋仇的特殊例子。

羅貫中在《三國演義》中對曹操安排自己的後事有過描寫。書中說道，曹操臨終前命人在彰德府（今安陽）講武城外設疑塚七十二，使別人不知道他死後的葬身之地，以防他日自己的墓葬被人挖開[3]。

曹操疑塚之事，經羅貫中發力渲染，很快在民間廣為流傳。

明清兩代，曹操疑塚之說甚囂塵上，甚至演變成繪聲繪色的志怪故事。

清朝時，《堅瓠集．續集卷之二》中有這樣一個故事：

明亡而清興的變革之際，漳河之水突然乾涸。有幾個捕魚人在漳河殘存的積水中捕魚時，發現河床中有一塊大石板，石板旁有一空隙。漁人往裡探望，見裡邊黑洞洞的。他們想，這裡邊定然藏有許多魚，於是從空隙中爬了進去。進到裡邊，卻

> 發現一道石門。推開石門，見其中竟然有很多美女。這些美女或坐或臥倚，分列兩行。但過不多久，她們漸漸化為灰燼，委於地上。漁人還看見一張石床，床上臥一人，冠服儼如王者。石床前還立有一碑。漁人中有認字的，湊上前一看，上面寫著是曹操墓。捕魚者居然將曹操裂屍而去。

《堅瓠集》的作者解釋說，這些美人活著下葬，地氣凝結，看上去有如活人。墓門打開後，地氣洩漏，美人們才立刻變成灰。唯獨曹操的屍體用了水銀裝殮，因而肌膚不朽。

蒲松齡在《聊齋志異》卷十〈曹操塚〉中記錄了另一個故事：

> 盛夏時，有人入漳河浴，忽然聞刀斧之聲。隨後有人看見水中有斷屍浮出。入

---

2 劉昫《舊唐書》卷一八八〈孝友列傳．張琇〉。

3 羅貫中《三國演義》，「遺命於彰德府講武城外，設立疑塚七十二，勿令後人知吾葬處，恐為人所發掘故也。」

浴者十分驚怪，將事情告知當地官吏。地方官吏聞之，立即派人閘斷上流，使漳河暫時乾涸。這時發現一個深洞，洞中設有一個轉輪，輪上排利刃如霜。他們將轉輪取走，進入洞中，發現一座小碑，上面寫著漢篆。仔細一瞧，是曹孟德的墓碑。於是人們破棺散骨，盜走了所有的金銀財寶。

蒲松齡講完這一故事後評價說：曹操的墳墓竟會在七十二疑塚之外！真奸詐啊，但他終究屍骨不保。他愚蠢就愚蠢在太聰明了。

近人鄧之誠在《骨董瑣記》卷三「曹操塚」條記錄了一件很有趣的事[4]：

壬戌年正月三日，磁縣鄉民崔老榮在彭城鎮（今河北邯鄲）西十五里的亂葬地中為死者挖墳穴，突然地下塌出大坑，細看是一個寬敞且四壁如新的石室。於是趕緊報告給縣令陳希賢。陳即組織人先用硫黃噴，然後入石室查看。結果發現室內置有石棺，棺前刻有石誌文，記載的是魏武帝曹操。據說此前五十年挖到過石室十餘處，這是首次發現曹操真墳。石誌至今還有縣署保存。改日當前往訪讀。

鄧之誠後來是否真見到過他提到的石誌，已無從知曉，他所講的或許真有發現一座古墓的事實基礎，但解釋墓主時與曹操聯繫起來，顯然是受了七十二疑塚的影響。類似的將某些偶然發現與曹操墓進行草率聯繫的事，二十世紀也發生過。一九八三年，有農民在漳河大橋下的河床挖到文物，有人說是曹操遺物。但據學者考察，這些文物是明代的，與曹操墓無關。

羅貫中當然不是曹操七十二疑塚說的始作俑者。元末明初文學家陶宗儀《南村輟耕錄》提到「曹操疑塚七十二，在漳河上」[5]。南宋文人羅大經《鶴林玉露》也說：「漳河上有七十二塚，相傳云曹操塚也。」[6]南宋人范成大在他的《石湖詩集》中，記他在孝宗乾道六年（一一七〇）出使金國期間，曾經在講武城外親眼見到過曹操的七十二疑塚。他臨塚感懷，寫了一首《七十二塚》詩，「一棺何用塚如林，誰復如公負此心。聞說北人為封土，世間隨事有知音。」

4　鄧之誠《骨董瑣記全編》，三聯書店，一九五五年，第一〇五—一〇六頁。
5　陶宗儀《南村輟耕錄》卷二六「疑塚」條。
6　羅大經《鶴林玉露》卷三「曹操塚」條。

稍晚一些的程卓在《使金錄》中也說他在出使金國的途中，曾親歷過曹操的七十二疑塚。

南宋俞應符對曹操設「疑塚」深信不疑，題詩罵曹操「生前欺天絕漢統，死後欺人設疑塚」，並建議「盡發疑塚七十二」。

南宋時，人們似乎普遍相信曹操設七十二疑塚之事。

「七十二疑塚」一說最早可能起源於北宋，並與韓琦、王安石兩位名人有關。

韓琦本是相州（今河南安陽）人，曾於北宋嘉祐年間掌管樞密院。韓琦早年在安陽期間，曾寫過一詩，題名「三臺懷古」。此處錄其前四句和後四句：

人道奸雄君似鬼，奸雄我道鬼輸君。
身猶北面魏基建，骨入西陵漢鼎分。
……
僭竊一時人已往，奸雄千古史還收。
西山疑塚纍纍在，衰草寒煙幾度秋。

詩中的奸雄無疑指曹操，西陵也必然是說曹操墓。但末尾兩句中的「疑塚累累」，應是韓琦對著鄴西的眾多墳塚發出的感慨：衰草寒煙，人生瞬間。

嘉祐五年（一〇六〇），與韓琦同朝為官的王安石送契丹國使出塞。其時北宋都城在汴京，也即今天的開封，而遼國版圖的南界在今北京南部的涿州。王安石在開封與涿州間走了一個往返。大概返回汴京途經相州時，王安石注意到相州西部太行山前高大的封土，於是也寫了一首詩，題名「將次相州」。其中前四句是這麼寫的：

青山如浪入漳州，銅雀臺西八九丘。
螻蟻往還空壟畝，麒麟埋沒幾春秋。

韓琦的詩最先在同一首詩中將曹操與疑塚相聯繫，開「疑塚」說之先河，而王安石的「八九丘」，則給了一組數字，或許有人做了一道簡單的算術題，使王詩中的「八九丘」成了「七十二疑塚」。

曹操「疑塚」說有兩個特點：一是曹操「七十二疑塚」的出現是北宋以後的事，而早期極力渲染者以南宋人居多。二是「疑塚」說基本不見於正史，似乎僅見於文人的詩歌、筆記、小說等文學作品中。

文學作品是宣洩情緒最好的形式。站在南宋人的立場，曹操當年挾天子占據長江以北，有如金國之於南宋。咒罵曹操，豈不是咒罵金國？

所以曹操「七十二疑塚」說的形成，還裹挾著一股「愛國情緒」。

其實，北宋以前，曹魏高陵在鄴西的位置都是明確的，北宋政府甚至設置有守塚戶。南宋史學家王明清在他的史學筆記《揮麈錄》中，稱北宋為「祖宗朝」，記述說：

祖宗朝重先代陵寢，每下詔申樵采之禁，至於再三。置守塚戶，委逐處長吏及本縣令佐常切檢校，罷任有無廢闕，書於歷子。……商中宗帝太戊葬內黃縣東南陽、武丁葬西華縣北。周成王、康王皆葬畢，在咸陽縣界。漢文帝葬霸陵，在長安東南。南宣帝葬杜陵，在長安南。魏武帝葬高陵，在鄴縣西。晉武帝葬峻陽陵，在洛陽。後周太祖文帝葬成陵，在耀州富平縣。隋高祖文帝葬太陵，在武功縣。以上十帝，置三戶，歲一饗以太牢。……此乾德四年十月詔也，著於甲令。其後又詔：

曾經開發者，重製禮衣常服棺槨，重葬焉。

這段話羅列了歷代帝王葬地，明確說「魏武帝葬高陵，在鄴縣西」。又說宋朝皇室重視歷代帝王陵墓的保護，通過禁止「樵采」，甚至設置專門的「守塚戶」辦法，以防歷代帝王陵墓遭到破壞。

換句話說，南宋時期的「史學圈」內，人們對魏武帝曹操葬在「鄴縣西」並無異議，北宋政府更是「置三戶，歲一饗以太牢」，也即設置或指定三戶規模的「守塚戶」，以保護曹操墓[7]。

自北宋往前追溯，曹操葬於鄴西從無疑問。西元六四五年，李世民率大軍征高句麗，途經安陽，曾親至曹操高陵致祭。《資治通鑑》記錄了這一事件：癸亥，上（李世民）至鄴，自為文祭魏太祖[8]。

7 陳長崎〈曹魏高陵考古補議〉，《中國文物報》，二〇一〇年三月十日。
8 司馬光《資治通鑑》卷一九七。

李世民的祭文，史上稱為「唐太宗皇帝祭魏武帝文」。祭文回顧曹操功績，給予高度評價：

昔漢室鼎分，群雄並立。夫民離政亂，安之者哲人；德喪時危，定之者賢輔。伊尹之匡殷室，王道昏而復明；霍光之佐漢朝，皇綱否而還泰。立忠履節，爰在於斯。帝以雄武之姿，常艱難之運。棟梁之任，同乎曩時；匡正之功，異乎往代……

唐朝人知曉曹操葬於安陽西北，猶如今人知曉袁世凱埋在安陽西郊，從來不是什麼祕密。時人以「西陵」稱之，唐朝人喬知之的「共看西陵暮，秋煙起白楊」、劉禹錫的「日映西陵松柏枝，下臺相顧一相思」中的「西陵」，均指曹操墓無異。

西晉繼曹魏崛起，人們對曹操的葬地更是了然於胸。西元二九八年，西晉文學家陸機翻閱舊時文獻，偶然讀到曹操的《遺令》，觸動傷懷，感慨之餘，提筆寫了一篇《弔魏武帝文》，其中有「怨西陵之茫茫，登爵臺而群悲」一句，同樣說明曹操高陵在鄴城銅雀臺西。陸機寫下《弔魏武帝文》時，距曹操謝世僅七十餘年。曹操墓的位置，斷然不會錯。

以上是文獻中的紀錄。

不過，有人以「學術規範」為藉口，稱文獻是人寫的，對一切文獻記載都要保持懷疑態度，甚至直接說不要相信文獻，尤其不要相信中國歷史上流傳下來的文獻。

難道拋開文獻就沒有別的線索了嗎？中國的考古學，常常在關鍵時候發揮威力。歷年來安陽當地出土的幾方北齊和唐朝墓誌，也都明確記錄了曹操高陵的位置。

杜達是一位北齊老者，曾被封為「龍驤將軍」。他死時八十六歲，已是耄耋之年。他的墓誌明確記錄了他居於「鄴城之西」而亡於大齊天保十年（五五九），其葬地在「窆於豹寺西四四五里」，墓誌以「其地爽塏，四望坦蕩，高陵崇栢」十二字描述杜達塋地的景觀。其中的高陵，即指曹操墓。

又有一位將軍夫人，死於北魏延昌四年（五一五）。齊代魏後，其家族於北齊河清元年（五六二）將其遷葬，與其夫合葬於鄴城西北的漳河北岸。遷葬時後人給她修了一方墓誌，稱為「王敬妃墓誌」。誌文描述其葬地說：

東眺銅爵，睹宮觀之佳蔑；西瞰高陵，見青松之簫瑟。

誌文中「東眺銅爵」、「西瞰高陵」，顯然是將曹操的墓址做為地理標誌。

唐朝天寶五年（七四六），魏郡人柏道與其夫人合葬於鄴縣西南，同樣留下墓誌。誌文清晰記錄其位置：

左魏武陵，右天宮寺；前蒼忙城，後衡漳水。

有了上述墓誌佐證，後趙時期的魯潛墓誌將曹操高陵做為地理座標就更不奇怪了。從另一角度理解此事，足見北宋之前，曹操墓的位置根本不是祕密。

如前所述，曹操「疑塚」之說，實起於南宋。南宋之後，一些人對曹操「疑塚」深信不疑，除了受民間渲染，覺得曹操足夠「奸詐」，豁得出去、做得出來之外，與「鄴西」一帶特定的地表面貌也有一定關係。

原來河北南部的磁縣，即古鄴城或古相州的西部，的確分布著眾多的墳塚，遠遠望去，封土如林。這些墳塚在不明真相的人眼中，便是當年曹操設置的，從而總有人聲稱路過鄴城西或相州西親眼見過疑塚。

這些墳塚是北朝時期東魏、北齊的貴族墓葬，包括一部分北朝皇陵。一九七五至一九七七年考古部門組織力量對這些古墓進行調查，一九八〇年將這些古墓命名為「磁縣北朝墓群」，並定為河北省重點文物保護單位。一九八六年以來，考古部門再次全面勘查這些古墓，在磁縣城南和西南、漳河與滏陽河之間的平原和西部山崗一帶，大約南北十五千米、東西十二千米的範圍內，發現墓葬一百三十四座。這些古墓原本都有圓形墳丘，部分墳丘保存到了今天。其中保存較好的前港村墳丘，現存墳丘東西一二一・五米、南北一一八米、高二十一・三

由京廣線西眺可看到的「疑塚」之一，係東魏元善見墓（作者攝）

米，當地人稱為「天子塚」。想必宋代能夠看到封土尚存的北朝墓葬會更多。

怎麼知道這些墓是北朝墓呢？

原來這些帶封土的墓，自明代起便開始有人發掘。明代崔銑曾提到當時挖出一墓，內有齊高陽王湜墓誌[9]。清代末年，這裡出土了一批墓誌，均屬東魏北齊時期[10]。二十世紀五〇年代以來，經過考古發掘的墓葬也有十多座，大多出有墓誌，也皆係北朝墓葬。此外，部分墓前尚存東魏、北齊時期的石刻人像、石羊等，有的還存有北朝墓碑。

一九七五年，考古學界又發掘了磁縣東槐樹村的一座墓。墓室內四壁有壁畫，其中北壁的壁畫是一幅「舉哀圖」，體現了典型的北齊時代繪畫面貌和獨特風格。墓中還出土陶俑三百八十一件，壁畫和陶俑的時代一致。該墓的墓主人是北齊宗室大臣高潤。

現今，河北省磁縣古墓群已被國務院列為全國重點文物保護單位。

謎底至此解開：根本沒有什麼「七十二疑塚」，南宋以後，特別是明清兩朝人，津津樂道的「疑塚」，包括磁縣灣漳大墓，其實是北朝皇陵及貴族的墳塚。

曹操為什麼葬在安陽？

西元一九六年，曹操迎漢獻帝劉協至許都。二二〇年，曹丕受禪代漢稱帝，建立魏國，改許為許昌。三國魏雖徙洛陽，但其宮室武庫卻仍在許昌，並列許都為其五都之一[11]。

許都故城遺址，位於今許昌市張潘鎮古城東南、營王村東。許都平面呈方形，城垣東西長一千三百米、南北寬一千五百米。但現今東、西、南三面城垣因歷年燒磚取土被挖成了平地，僅北城牆還有一段蜿蜒起伏的殘垣清晰可辨。遺址內坐落著盆李和甄莊兩個自然村[12]，其中甄莊村發現了排水管道。歷年還徵集到銅戈、銅矛、銅爵、銅觚等遺

9 崔銑《彰德府志．地理志》磁州條云，「疑塚在漳河南北，累累不絕，大小殊狀，曰曹氏疑塚。往者歲荒，民盜發塚，皆有屍，其一為齊高陽王湜墓，志見存。」
10 羅振玉《鄴下塚墓遺文二編》、趙萬里《漢魏南北朝墓誌集釋》，科學出版社，一九五六年。
11 酈道元《水經注．卷十．濁漳水》。
12 黃留春〈許都故城調查記〉，《河南省文物考古學會編：河南文物考古論集二》，中州古籍出版社，二〇〇〇年。

物。城的西南隅還出土有四神柱礎、龍虎紋青石方板、石碾、「萬世千秋」「千秋萬歲」瓦當等，應是漢魏許都宮廷的建築遺物。

文獻中未見曹操死後葬於許都的記載，迄今也未聞許都遺址附近有曹操塚。曹操迎獻帝於許都後即開始東討西征，他在許都的時間主要是中年階段。西元二〇四年奪取鄴城後，鄴即取代許都成為當時的政治、軍事和文化中心。曹操的老年階段主要住在鄴城。

亳州是曹操的故里。曹操剛剛起兵時，家鄉親族曾經給予他強有力的支持。但各種文獻中，均無曹操葬於譙（今安徽亳州）的記載，也沒有證據證明曹氏宗族墓中有曹操本人的墓葬。魏文帝在曹操去世的當年，曾率領大軍回過家鄉，並大宴家鄉父老[13]。現在的亳州有曹氏宗族墓地，據說曹操的祖父、父親就葬於此。墓地有東漢墓葬六十餘座，但其中並無帝王級墓葬。已經發掘的十餘座，推論其中包括曹騰、曹嵩、曹熾、曹胤、曹鼎、曹鸞、曹勳、曹水、曹憲等人的墓。

曹操為什麼死後沒有歸葬老家？中國人不是講究「落葉歸根」嗎？平民百姓死後不

都葬於家鄉村莊附近嗎？

通常來看，帝王以「國」為「家」，死後在「國都」附近擇地而葬是通行原則。所以西漢皇帝葬於西安附近渭水北岸的咸陽塬、鴻固原、白鹿原；東漢帝王陵墓則在洛陽附近的邙山擇地而葬。朱元璋沒有葬在老家安徽鳳陽，而是安息於南京；自朱棣以後，明朝歷代皇帝都歸葬在北京附近，從而形成了今天的明十三陵。同樣，清朝皇帝也沒有葬回東北，而是選中河北易縣和遵化的「吉壤」。

曹操身分比肩皇帝，並非平民。儘管亳州是曹操老家，但成人之後的曹操與家鄉關係遠淡，死後不選擇亳州安葬實是情理之中。

問題是，曹操並未葬在東漢的帝都洛陽。西元二二〇年曹操崩於洛陽之後移柩北上，葬在相距近三百千米之外的安陽。

為什麼是安陽？

真正的原因是：西元二一三年曹操被封為魏公，封地在安陽。西元二一六年曹操晉

13 陳壽《三國志．魏書．文帝紀》，「甲午軍次於譙，大饗六軍及譙父老百姓於邑東。」

升為魏王，封地仍然在安陽，只是在原來封邑的基礎上增加了十個縣。曹操雖然死在洛陽，但他選擇自己的封地為葬地是最合乎邏輯的。彼時的安陽重要且繁華，繼袁紹盤踞，曹操對鄴城加以擴建。曹操喜歡登銅雀臺與武將痛飲、邀文臣高歌。許昌雖是曹操指揮官渡之戰大勝袁紹的幸運之地，但已不在晚年曹操的關注之列。洛陽是漢獻帝所居之處，做為臣子的曹操沒有道理葬在天子眼前，必然排除洛陽。而彼時的老家亳州遠在自己封邑之外，且臨近前線，也不適合選為葬地。安陽做為自己封地的重心，便成為曹操死後安息入葬的唯一選擇。

漢朝人對於生死，與今天大有區別。他們會在生前就對後事做出安排。曹操在其《終令》和《遺令》中，都曾談及自己死後的歸葬之地。

換句話說，葬於安陽是曹操的意願。曹操死後，他的兒子曹丕等人只是按照曹操的遺囑辦事。曹操葬在安陽，本來就是極其明確的事情，不需要質疑，也容不得質疑。

話說到此，有人或許還有疑惑：曹操交代後人將自己葬於「鄴西」，鄴城不是在河北的臨漳縣嗎？為什麼曹操墓不是在河北臨漳被發現，而是在河南安陽？

按現代的行政區劃，邯鄲與安陽分屬兩個不同省分。邯鄲屬河北，安陽屬河南。沒有到過這兩個城市的人，或許會以為這是兩個遙遠的地方。實際上，邯鄲與安陽是地理上緊密相連的兩個城市。

如果時間倒回一千八百年前，今天河北省邯鄲的磁縣、臨漳縣與河南的安陽縣同屬於鄴。僅僅是現代行政區劃將古代的鄴地分割開來了。

西高穴二號大墓在今天的行政區劃上雖屬安陽，但地理位置上距磁縣和臨漳僅一河之隔。漢魏時期的漳河，曾經在磁縣時村營鄉中南部和講武城鄉一帶繞道往東，從鄴都到曹操葬地無水所阻。站在鄴城的銅雀臺上向西眺望，西高穴一帶正在其西部。

帶字石牌辨真偽

西高穴二號墓中出土的帶字石牌，是論證此墓為曹操墓的關鍵證據。可質疑者說，這些石牌是偽造的。辨偽，於是成為「挺曹派」的必要功課。

文物的真偽可以從多方面加以鑑定，如形制與功能、材質與工藝、皮殼特徵、文字信息（字形、字體、文化內涵）、出土狀況、組合關係、發掘過程等。造假文物幾乎在每個環節都會露出破綻。而事實上，西高穴二號墓中的文物，無論是發掘過程中現場出土的，還是公安部門收繳的，都禁得住檢驗。

形制與功能

被質疑者視為「挺曹派」關鍵證據的帶字石牌共計六十六塊。包括兩類：六邊形石牌五十五塊，圭形石牌十塊。另有一塊石牌殘損嚴重，形制不明。

六邊形石牌的基本特徵是：通長約九釐米、寬四．八釐米、厚〇．八釐米。下部為長方形，上部兩邊各抹去一角，整體呈六邊形；抹角一端鑽有小孔，有的孔內穿有銅鏈條；正反面打磨平整，正面刻字。

圭形石牌：通長約十一釐米、寬約三．一五釐米、厚約〇．八釐米。

任何一個時代的墓葬，隨葬品的準備都十分講究，絕非隨意放置。自戰國以來，高等級的墓葬，隨葬品都是按功能「配置」好的，而且進入墓葬時都要進行登記。用來登記的東西被稱為「賵方」或「物疏」。現代學者根據《儀禮．既夕禮》「書遣於策」的記載，稱之「遣冊」。也有學者稱之為「石楬」。

二十世紀六〇年代中期發掘的湖北江陵望山二號墓，是一座戰國時期的墓葬。該墓平面呈甲字形，墓道在東。葬具有一槨三棺。雖然被盜，墓內器物仍然較豐富，不含竹簡共出土了六百一十七件。分別放置在墓葬的東室、南室。東室放置祭器、燕器（日常生活用品）、樂器、兵器、車馬器、葬儀用器，具體有鼎、敦、竹笥、壺、漆耳杯、玉帶鉤、木俑、漆木瑟、漆木虎座鳥架懸鼓、銅鏃、鎮墓獸等。南室放祭器、燕器、樂器、車馬器、竹簡，包括漆木四矮足案、六足案、八足案、漆木大房俎、小俎、漆木勺、銅劍等。無論東室還是南室，功用相同的器物一般放在相近的地方。

其中的六十六枚竹簡，主要是「遣冊」。遣冊所記物品有明顯的分類，只是出土時多殘斷，加上墓葬被盜造成的隨葬品缺失，遣冊與實際隨葬器數並不相符。

墓葬中隨葬遣冊、賵方之風在漢代尤盛。以往考古

河南洛陽西朱村曹魏墓M1出土石牌

發現的「尹灣漢簡」就有「刀二枚」、「筆二枚」、「管及衣各一」等字樣。

西高穴二號墓中的六邊形石牌的正面記隨葬品名稱及數量，如「書案一」、「刀尺一具」、「圭二」、「璧四」、「木墨行清」、「胡粉二斤」等。這種石牌實際上是物疏或稱「遣冊」。曹操生前作有《上雜物疏》，即按物品類別分類的清單。

與六邊形石牌不同，圭形石牌記器主和器物名稱，卻不記數量，而且一牌一物，成對出現，如「魏武王常所用挌虎大戟」石牌、「魏武王常所用挌虎短矛」石牌和「魏武王常所用挌虎大刀」石牌。這些石牌的上部有一孔，孔間有一銅環，環上連一銅鏈。功能可能與前一種石牌有所不同，是更特殊的「物品標牌」。

做為「物疏」，兩種石牌都符合漢代喪葬習俗，其形制更是有漢代同類文物佐證。曹操墓發掘數年之後的二〇一五年，河南洛陽西朱村發現一座曹魏大墓，墓內即出土了形制和尺寸與之相似的石牌，甚至文字的表達方式（物名＋數詞＋量詞）也完全一致，足可證西高穴二號墓中出土的石牌不是孤例。現代人若要「造假」，必須了解此種石牌的存在及其形制、尺寸，還有刻字方式。具有這種「知識儲備」的作偽者，天下能有幾人？

材質與工藝

質疑者說，帶字石牌是考古隊找人在河南南陽張衡街訂製後埋在墓中，再讓人挖出來的，並且煞有介事地說，這樣的青石牌子在南陽張衡街到處都是，並且十分便宜。

倘若果真是考古隊在張衡街「訂製」了石牌，且不說會面臨製作者「舉報」的風險，即便「訂製者」和「製作者」的「職業道德」爆棚，直到今天都守口如瓶，他們選用的「青石」能禁得起檢驗嗎？

對於非專業人士而言，「青石」只是青色的石頭，但對於專業人士來說，西高穴二號墓中的「青石」應該稱為「石灰岩」，準確地說應該稱為「鲕狀灰岩」。如果拿顯微鏡觀察，石牌上有肉眼不易觀察到的魚子狀結構。西高穴二號墓發掘之後的第二年，中國社會科學院考古研究所的考古隊，在太行山上碰巧找到了這種「鲕狀灰岩」，足以說明西高穴二號墓石牌選用的石材，其實正是安陽本地太行山上的。所謂張衡街造假，實屬無稽之談。

質疑者又說，帶字石牌是假的。因為石牌的一端開有小孔，小孔內還穿有銅套環鏈條。漢代怎麼可能有套環鏈條呢？

發出此種質疑言論的人，只好建議他不要信口雌黃，而是去關心一下商代青銅器。他一定會在商代青銅器上，看到三千年前商朝人大量製造的帶套環的銅鏈條。而商朝，比曹操那個時代早一千三百多年。

皮殼特徵

文物收藏家喜歡用「皮殼」二字描述文物表面的綜合特徵，以鑑定文物的真偽。新近製造的文物，器物表面會留下新的工藝痕跡，而「老物件」的表面，由於氧化等原因，其皮殼富於變化。

西高穴二號墓出土的帶字石牌，表皮布滿水垢和土垢。如果這些石牌是張衡街訂製或新近偽造，一定會有氧化不足的痕跡。

曹操墓出土石牌放大後呈現的「鮞狀」（魚子狀）結構

文字信息

有網友強硬地說，在石牌上刻幾個字還不容易？這只能說明他小看了寫字的難度。難道真的只是幾個字嗎？完全不是。無論是「魏武王常所用挌虎大戟」，還是「黃豆二升」，將文字信息拆開，其中至少包含字形、書體、物名、語法和文化內涵等不同側面。造假者要在每個方面都不留「破綻」，其實十分困難。

字形：圭形石牌和六邊形石牌中的每一個字，都有固定的字形。每個字的結構特點，必須符合漢代的特徵。圭形石牌上的「魏」字、「武」字，結構均與今天不同。

曹操墓出土石牌上的氧化情形及水垢、土垢

例如，「武」字的寫法，左上一筆是穿過勾筆的，而「魏」字，結構中還保留了「山」的部分，並且該部分寫在「委」部的右下方。這些都是漢代文字的時代特徵。

圭形石牌和六邊形石牌中的「魏武王」字樣

網友的諸多「指控」中，有一條認為西高穴二號墓出土石牌中出現了簡體字，因而石牌是現代人偽造的。他們的邏輯是：簡體字是現代創製的，怎麼可能出現在曹操墓中呢？

其實這是一個知識盲點。

歷史上的簡體字調查表（作者據中國文字博物館展板繪製）

以一九八六年新版《簡化字總表》為準，從《總表》的第一表、第二表中選取三百八十八個字頭（含簡化偏旁），進行了現行簡化字的溯源研究。這項研究所得出的資料如下：		
始見於先秦	49字	12.63%
始見於秦漢	62字	15.98%
始見於魏晉南北朝	24字	6.18%
始見於隋唐	31字	7.99%
始見於宋（金）	29字	7.47%
始見於元朝	72字	18.56%
始見於明清	74字	19.07%
始見於民國	46字	11.86%
始見於中華人民共和國成立後（截至一九五六年《漢字簡化方案》公布）	1字	0.26%

中國現代通用的簡體字，其實本是古人創造的。中國文字博物館有塊展板，以一九八六年新版《簡化字總表》為依據，從《總表》中第一表、第二表中選取了三百八十八個字頭進行簡化字溯源，得出的結論是：現行簡化字始見於先秦的共四十九字，占所選三百八十八字的12.63%。一九五六年的《漢字簡化方案》中，只有一個字是一九四九年後創造的，即窗帘的「帘」字。

西高穴二號墓中有兩塊六邊形石牌，分別刻寫有「五尺淶薄机一」和「水軑机一」。其中兩個「機」字都寫成了簡體字（按多數人的想法，應該寫成「機」），而實際上，簡體的「机」字本來就是漢代文字。

曹操墓石牌出土的簡體字「机」

宋代瓷器上的簡體字「合」（盒）
與「万」（萬）
（作者攝，劉子彧圖片處理）

此字後來被一九五六年的《漢字簡化方案》選中。許多人不知其詳，以為「机」字是今人創造，故視之為造假的鐵證。

下圖是一件北宋瓷碗。碗底有四個毛筆寫就的字：万事和合。正常情況下，此四字應該寫成「萬事和盒」，但實際情況是「萬」寫成了「万」，「盒」寫成了「合」。可見簡體字在古代並不鮮見。

書體：書體即書寫風格。漢字的書體，風格因時代而變。大致按照大篆、小篆、秦隸、漢隸、楷書等「進化」。西高穴二號墓出土石牌的文字，正是東漢晚期流行的書體風格，其最大的書寫特徵是，筆劃的起筆與末筆都加寬或出現「波磔」，呈現一種類似

曹操墓出土石牌記錄的物品名稱與語法特點

蠶頭雁尾的結構。有人以「八分體」概括這種字體。西高穴二號墓帶字石牌的字體正有這些特徵。

物名：圭形石牌和六邊形石牌做為「物疏」或「石楬」，核心是羅列物品名稱。物品名稱的特點，必與其時代相呼應。所以我們看到其中有「樗蒲床」、「胡粉」、「渠枕」、「丹綃襜」、「大戟」、「短矛」一類概念。六十六塊石牌，眾多物名，若是造假，難免露怯。

語法：無論是圭形石牌，還是六邊形石牌，其上文字雖然不多，但不同的詞彙湊在一起，必須符合當時的語法特點。六邊形石牌的語法是「物名＋數詞＋量詞」，圭形石牌的語法是「主語＋定語＋定語＋名稱」，形成「物疏」或「石楬」的漢式表達。若圭形石牌是後人假造，幾乎不可能了解這種特定的表達方式。

文化內涵：除了字形和書體，文字背後更複雜的是文化內涵，也即文字所表達的深層含義。倘若圭形石牌和六邊形石牌是假造物品，幾乎不可能不在文化內涵上露出破綻，畢竟掌握文字背後的內涵太難了。

以「魏武王常所用挌虎大戟」為例。其中的文化內涵，包括「魏武王」的身分、

「常所用」的表達、「挌虎」的習俗、「大戟」這種兵器，皆不是隨意可以信手拈來並搭配在一起的。魏武王是曹操，他所處的時代正好是流行以「挌虎」表達勇武的時代。這種詞彙搭配與文化內涵的一致，不是造假者能夠「創造」的，而是圭形石牌製作者處在那個特定時代，「自然而為」的結果。

又以六邊形石牌為例，「粉」以「斤」論，「襪」以「量」論，處處顯示出時代特徵。造假者功力再強，也不可能做到完美而不留破綻。

所有的出土文物，無論其名稱如何、功能如何，全部都是東漢晚期的風格。任何造假者，就算是一等一的考古學家，也無可能具有「將全部文物製造成東漢晚期風格」的能力。

有些詞彙，聽起來耳熟，好像是今天的常用詞，但經過考證，其實都是三國或魏晉時期的常用語。例如「魏武王常所用挌虎大戟」中的「常所用」、「挌虎」等詞，都是三國時的社會常用語。

「常所用」和「挌虎」的使用，其實也是一種文化現象。

《三國志．吳書．周泰傳》裴松之注引〈江表傳〉記錄孫權事跡，就有「敕以己常所用御幘青縑蓋賜之」的話。記錄劉宋事蹟的文獻《宋書．蕭思話傳》卷八十八，也有「初在青州，常所用銅斗」的記載。可見「常所用」實為東漢末年至南北朝時的社會常用語。

「挌虎」即「格虎」，與老虎爭搏，也是勇猛的意思。格虎的用法古已有之。《史記．殷本紀》說殷紂王能夠「手格猛獸」。《漢書．東方朔傳》亦說到漢武帝行獵「手格熊羆」的行為。《三國志．魏書．任城威王彰傳》記任城威王曹彰「少善射御，膂力過人，手格猛獸，不避險阻。數從征伐，志意慷慨」。意思是少年時代的曹彰善於騎射、膂力過人，可以徒手與猛獸搏鬥，而且不怕艱險。多次隨軍戰鬥，意志堅強。《魏書》卷九十五載有「遣司虞中郎將賈霸率工匠四千，於東平岡山造獵車千乘……格虎車四十乘……」；《全梁文》卷二十六「常僧景等封侯詔」條有「宣閣格虎隊主馬廣」等。

可見「挌虎」和「常所用」一樣，都可以做為古代文化現象的物證[14]。

地層關係

「埋地雷」是質疑者「合乎邏輯的推想」。將一批偽造的石牌埋入墓中，再由他人挖出，幾乎是完美的造假。但這種質疑忽視了地層證據。

考古學之所以是科學，是因為這門學科有顛撲不破的「地層學」可以依靠。「地層學」原理其實十分簡單：但凡人類動過的地層，其物質內容、層理特徵（鬆軟程度和顏色）均可以觀察分辨。簡單地說，若是真有人「埋地雷」，地層不可能是原生地層。然而，在考古隊留下的發掘照片中，可以清晰地看到，墓葬中的六邊形石牌位於長期埋藏才能形成的「地層」中。下圖顯示出數枚石牌被墓中同出的鐵鎧甲「疊壓」所形成的地層關係。倘若石牌是新埋入的，如何將其置於這副長滿鐵鏽的鎧甲之下，而不導致土質疏鬆呢？唯一的結論是：石牌與鐵鎧甲的地層關係絕非新近形成的。還有，一些石牌被發現於易碎品的下部，甚至被鏽蝕的帳構件所壓，沒有翻動的痕跡，當然不可能是後人製造的「假文物」。因此，石牌是後人造假、人為「埋入」的指控完全沒有依據。

14 王子今〈關於曹操高陵出土刻銘石牌所見「挌虎」〉，《中國社會科學報》，二〇一〇年一月十九日，第二版。

組合關係

組合關係，是考古學的常用概念。幾乎可以肯定懷疑石牌造假的指控者，均非考古學圈內人。因為看得出他們沒有覺察到古墓中的文物還存在「組合關係」。

組合關係可以簡單地理解成，考古發掘單位中器物的共存關係或成套關係。在考古人眼中，墓葬便是獨立的考古發掘單位。墓葬中的隨葬品，相互之間並不是割裂的，而是出於某種原因「組合」在一起的。例如，商代晚期墓葬中，銅觚與銅爵往往相互成套，形成一觚一爵、兩觚兩爵的「組合」。春秋貴族中，鼎與簋的組合更是具有很強的規律性。九鼎八簋、七鼎六簋、五鼎四簋，顯示墓主人不同的身分地位。

組合的另一種情況是配套。配套是強組合。即隨葬了A，便一定有B。曹操墓質疑者指控說，考古隊派人在南陽偽造了石牌，然後將石牌埋入墓中。然而石牌做為「物疏」或「石楬」，其上的文字其實是與某種特定的隨葬品相關聯的。斷非簡單「偽造」一塊石牌便能簡單了事。舉例來說，石牌「胡粉二斤」，意謂著墓葬中定然隨葬有兩斤胡粉；石牌「鏡臺一」，就意謂著墓葬中定然隨葬有鏡子；石牌「渠枕一」，則意謂著墓葬中必然隨葬有渠枕。質疑者信誓旦旦地說，考古隊偽造了石牌，殊不知墓葬中出土的鏽跡斑斑的鐵鏡、刻有「魏武王常所用慰項石」的石枕等，與六邊形石牌形成嚴格的呼應關係，證明石牌並非偽造的。

發掘過程

鑑別文物造假，各種情況並不相同。脫離考古遺址的文物，鑑定時只需關注文物本身，而鑑定考古出土的文物則要考慮上述地層、組合關係等一系列因素。將「提前偽造」的文物埋入墓葬之中，然後讓人「發掘出來」，豈可與收藏家鑑定手中的文物同日而語？

曹操墓發掘過程中，有科研人員，有技師，更多的是當地徵用的做為民工使用的群眾。如果有人現場造假，誰能確保「埋地雷」而不穿幫？

回過頭來看，當初一部分人指責考古關鍵文物造假是多麼幼稚。無論是地層關係、組合關係、帶字文物的材質、工藝、皮殼，還是文字背後的字形、字體及文化內涵，均可斷然排除造假的可能性。

讀懂魯潛墓誌

徐玉超發現的後趙魯潛墓誌，的確是論述西高穴二號墓是曹操墓的關鍵文物之一。這方墓誌若是假的，則無法論證墓主人有過「從魏武王到魏武帝」的身分轉換。

質疑者論述魯潛墓誌是現代人偽造的，依據邏輯是：墓誌開局說魯潛的入葬時間是建武十一年的「十一月丁卯朔」，但誌文隨後陳述說魯潛「以其年九月廿一日戊子卒，七日癸酉葬」。有人因此產生迷惑，這不就是說魯潛死於當年的九月二十一日，七日之後的癸酉靈柩入土嗎。前面所說的「十一月丁卯朔」是魯潛入土為安兩個月以後的事，

曹操墓出土的鐵鏡及同墓出土的「鏡臺一」物疏

與九月的「癸酉葬」豈非前後矛盾？在他看來，這種矛盾是考古隊作偽水準低劣所造成的。

果然是這樣嗎？當然不是。

讀懂這方墓誌，需要一定的古代曆法知識。實際上，這方墓誌說的是：魯潛卒於該年九月廿一（這一天按干支紀年是戊子日），葬於十一月丁卯朔之後的癸酉日（「丁卯朔」的「朔」指初一，即十一月初一，這一天以干支紀年是丁卯日）。「丁卯」和「癸酉」正好相差七日，故志文說「七日癸酉葬」。正確解讀便能發現，誌文前後並無矛盾。

兩個月的時間差，是因為在漢魏時期貴族亡故後停柩兩個月入葬是正常現象。《三國志．魏書．武帝紀》便明言曹操崩於正月，葬於二月。魯潛之葬，與此相合。

至於「大歲在乙巳」這一句，後趙之時，既以帝王的「年號」紀年，同時也以「歲星紀年」。這正是那個特定時代的紀年習慣。整個誌文，絕無半點「作偽」的痕跡。所謂魯潛墓誌造假，純屬沒有讀懂誌文所導致的。

唐朝黃豆蹦進了曹操墓？

關於唐朝黃豆「蹦」進曹操墓一事，其實可以做出最簡單的回答：雖然黃豆最早見於唐代文獻，難道就不興考古發現將黃豆在中國的出現時間「提前」到東漢嗎？若真這麼回答，網友一定認為這是考古隊在「硬槓」，是強詞奪理。

其實用不著這麼辛苦。農業考古早已證實，距今四千年前，黃河流域的龍山文化或齊家文化居民便已廣泛種植大豆[15]。

質疑者會說，這裡說的並不是黃豆的起源，而是「黃豆」這一詞彙的出現和使用。以前即使有黃豆，用的是別的詞，比如「菽」。以黃豆指大豆，最早的文獻是唐朝的。現在西高穴二號墓出現「黃豆」一詞，怎知不是造假？

撇開考古資料可以修正傳世文獻；撇開考古發現常常可以提前某些物品的最早出現年代。我們仍然看證據：

一九三五年，山西省發現一座東漢墓葬。墓內隨葬文物中有一件陶罐，其上赫然用朱砂寫著「黃豆、瓜子」四字。這件陶罐上的字被稱為「張叔敬瓦缶丹書」。

即使黃豆概念在傳世文獻中果真始於唐朝，考古發現漢墓中已有「黃豆」二字，難道視而不見嗎？

「挌虎大戟」是自用品還是賞賜品

「魏武王常所用挌虎大戟」、「魏武王常所用挌虎大刀」和「魏武王常所用挌虎短矛」等都是圭形石牌上的文字。實際上同墓中還出土有「魏武王常所用長犀盾」。質疑者說，此處的「挌虎大戟」、「挌虎大刀」和「挌虎短矛」等不能理解成「魏武王」自己的，很可能是「魏武王」賞賜給某位將士的物品。

「挌虎大戟」和「挌虎短矛」做為自用品和做為賞賜品，其本質區別在於：若是自用品，則墓主便是魏武王曹操；若是魏武王針對別人的賞賜品，則墓主便一定不會是曹操，而是那位接受魏武王賞賜者。受賞者將受到賞賜的物品隨葬在自己的墓中，以顯榮耀。

15 趙志軍〈有關農業起源和文明起源的植物考古研究〉，《社會科學管理與評論》，二〇〇五年第二期。

兩種解釋若是二選一，哪一種是更合理的解釋？

首先必須注意到，上述石牌均明確寫有「魏武王常所用」。「常所用」三字，無論解釋成「經常使用」還是「曾經使用」，都是自用之物。再者，「戟、刀、矛、盾」四樣各不相同，顯然是成套兵器。這樣的物品，主人亡故之後隨葬墓中合乎情理，但用於賞賜他人，尤其是成套地賞賜他人，可能性極低。因而他們是墓主人的自用品，或者說是魏武王本人生前的「常所用」之物。

墓主身分與陶圈廁

西高穴二號墓中發現一件陶圈廁。此事讓許多人百思不得其解。養豬是民間的事

曹操墓出土「黃豆二升」石牌

情，曹操貴比帝王，怎麼可能會隨葬「陶圈廁」呢？因而覺得陶圈廁的發現，降低了墓主人的身分。反過來說，便可否定墓主是曹操的論斷，畢竟曹操不是個養豬的。

考古研究靠實證而不是靠想像。認為西高穴二號墓出土有豬圈，從而推斷墓主身分不高，完全是基於現代農村生活一廂情願的推測。南京師範大學一位研究生，趁曹操墓事件爭議正酣，出手對田野考古中東漢時期陶豬圈的出土情況做了統計，結果讓人大出所料：考古發掘證明，東漢陶豬圈不僅不是身分低下的標誌，反而是身分高貴的標誌。在已經正式發掘的東漢

曹操墓出土陶圈廁

王陵中，除一座被盜外，幾乎都出土了陶圈廁。

陶器與金玉

西高穴二號墓雖然被盜，仍然發現大批陶器。經過修復發現共計有兩百五十多件，均為明器。這些陶器是經過嚴格配置的，種類包括禮器、廚房用器、餐飲用器、日常生活用具、生活設施、文房用具等。

禮器：鼎十二件。

廚房用器：陶灶、甑、釜、炙爐、盆、尊、三足盤等。其中陶灶四件、甑四件。

餐飲用器：案八件（六件長方形，兩件圓形）、陶盤二十四件、陶碗十五件、陶壺四件、陶卮四件、陶耳杯五十一件（大小不一）、陶豆十五件、瓢勺七件、漏勺十件。

日常生活用具：多子槅、熏爐、三足中空盆、熨斗、器蓋。

生活設施：井一件、圈廁一件、磨一件。

文房用具：陶硯臺一件。

陶俑：人物俑兩件、動物俑三件。

其他：龍頭器柄、扁長方形器柄、簪、支架等。

這些陶器形體偏小、工藝粗糙、裝飾簡單，似乎僅具象徵意義。說明墓主實施的是薄葬，卻同時又以陶器的配置「標明」墓主人的高貴身分。例如，隨葬的陶鼎數量多達十二件，器形雖小，但數量堪稱天子規格。

曹操墓中還發現有部分金銀器和玉器，但數量不多。

既是「薄葬」，為什麼會有金銀？

曹操墓中隨葬的物品分為兩類。第一類是「常所用」的物品，第二類是曹操死後人們專門為其準備的物品。墓葬中的大部分物品，實際上都屬於第一類。這些金銀玉器也當如此，甚至可能是衣物箱籠上的點綴之物。隨葬這點東西，並不違反曹操自己定的「金珥珠玉銅鐵之物，一不得送」的遺令，更不能說明曹操墓實施了「厚葬」。

碳十四或熱釋光斷代很難嗎？

碳十四和熱釋光是考古學中常用的兩種測年方法。為什麼曹操墓的年代測定沒有採用這兩種方法呢？有網友質問：碳十四或熱釋光斷代很難嗎？

實際上，採用碳十四或熱釋光斷代是再容易不過的事情，但實施這兩種方法斷代之前，先要看是否必要。就西高穴二號墓的年代考訂來說，碳十四測年和熱釋光測年均無必要。墓葬出土文物相對豐富，考古隊已經完全能夠通過出土器物準確給出墓葬年代，斷定為東漢末年；相反，無論是碳十四還是熱釋光，其測年結果難免出現各種誤差。墓內零星發現的木製品，碳十四檢測之後，很難做到像隨葬品給出的「東漢末年」這樣準確；而熱釋光方法更是只能夠給出大致的年代範圍。如此寬鬆的年代範圍，對於討論墓主人是否是曹操，難以滿足要求。既然考古類型學方法，特別是文字本身所攜帶的年代信息，已將西高穴二號墓的年代定在東漢末年，再以碳十四或熱釋光測年求取一個大致範圍，

曹操墓出土陶井、陶盆

無異於「畫蛇添足」。

當然這只是就碳十四或熱釋光測年的「必要性」而言。考古界並不反對測年。若非要測年，又有何不可呢？

為什麼不檢測人骨ＤＮＡ？

西高穴二號墓中發現了三枚人頭骨及少量人的肢部骨骼。墓葬本身的「內證」可證明，那枚年齡六十歲以上的男性頭骨應該就屬於曹操本人。

不少人追問：現代科學技術發達，墓葬的骨骼是否是曹操，做一下ＤＮＡ分析不就可以驗證了嗎？據說還有曹姓人士自稱曹操家族後裔，自告奮勇，願意為曹操的研究提供比較標本。

其實這同樣是一個類似於要求對文物做碳十四或熱釋光的想法。給西高穴二號墓的人骨做ＤＮＡ分析，如果不是沒有意義，至少也是一個「得不償失」的建議。

至少有五個理由支持上述說法。

Ａ：人死以後，他的ＤＮＡ分子會降解，也就是說，遺傳物質會隨著時間的推移不斷減少。時間越長，能夠從骨骼中提取基因片斷的概率就越小。能否從古代骨骼標本中成功提取ＤＮＡ，很大程度上取決於骨骼的保存程度。西高穴二號墓中的人骨標本保存狀況都不大好，成功提取的概率很低。

Ｂ：人骨ＤＮＡ的實驗，需要嚴防標本污染。西高穴二號墓在下葬以後的一千八百餘年的歷史中，曾經多次被盜。僅二〇〇六年以來，便有多批盜墓分子進入過墓室中，甚至連曹操的頭骨也被從後室拋置於前室。實驗過程中要清除這些污染幾乎是不可能的。

Ｃ：即便提取ＤＮＡ成功，又將面臨沒有可資比較研究的參照標本。而用於比較的ＤＮＡ標本，當然必須來自確鑿的曹氏後人。然而一千八百年後的今天，又有誰能說他就是真正的曹操後人呢？

Ｄ：西高穴二號墓的其他考古證據，已經足以證明其中的男性頭骨屬於曹操。僅僅為了「驗證」這一結果，做ＤＮＡ檢測沒有必要。

Ｅ：好的考古發掘工作，必須時刻將文物保護銘記在心。西高穴二號墓中最有價值的文物，既不是「魏武常所用挌虎大戟」石牌，也不是「魏武常所用挌虎短矛」。最重要的文物，無疑是曹操的頭骨。我們應該以百倍於法國人保護名畫《蒙娜麗莎》的努力，來保護曹操的人頭骨。而現代的DNA測試，都是有損試驗階段，我們有什麼理由讓曹孟德一千八百年後再慘遭傷害呢？

為何沒有出墓誌或印璽？

在考古工作中，許多墓葬墓主人的身分都是通過墓誌確認的。墓誌是一種載有墓主資訊的特殊隨葬品。通常是石質、磚質，也有少量鐵質或瓷質的。南北朝，特別是唐、宋以後墓葬中，墓誌不僅寫明墓主人的姓氏，還將其籍貫、年齡、經歷一併說明。

西高穴二號墓為什麼沒有發現墓誌？還是本來有墓誌，被盜墓賊盜走遺失了呢？兩漢時有「告地狀」，通常書寫在木牘上，記錄死者姓名、籍貫、喪葬時間、隨葬品清單。東漢時，墓葬內又出現墓磚銘，簡單記錄死者的姓名、籍貫。墓誌即由兩漢時的「告地狀」或「銘文磚」發展而來[16]。

16「告地狀」為墓誌的濫觴。參見趙超〈墓誌溯源〉，《文史》第二十一輯，中華書局，一九八三年。

嚴格意義上的「墓誌」，南北朝以後才出現。東漢、曹魏、西晉時，正處在墓誌起源的階段。這一時期墓誌的形式和內容都還沒有定型（例如，晚於曹操墓一百二十五年的後趙魯潛墓誌，其內容就未定型）。

墓誌不是墓葬中的必需隨葬品。中國古代，墓誌限於文武百官或中、下層人士使用。帝王死後用的是「哀冊」，以墓誌隨葬者尚無先例。

「哀冊」是帝王專用記錄祭文的文件。二十世紀八〇年代，北京豐臺王佐鄉史思明墓所出的哀冊為漢白玉材質、陰刻文、字口填金。因為史思明在「安史之亂」時稱過帝，因此有資格使用哀冊。唐乾陵陪葬墓懿德太子墓也出土了哀冊。表面上看違背禮制，實際是「號墓為陵」，享有帝王級待遇，故並非違制。

曹操一生未稱帝，按制不能使用「哀冊」。因此曹操墓中不出土墓誌和哀冊，都屬正常。如果出土了墓誌或哀冊反倒不合理。

曹操墓中沒有隨葬印璽，可從曹操兒子曹植的《武帝誄》中找到線索。《武帝誄》記述了曹操下葬時的情景，其中兩句特別提到「璽不存身，唯紼是荷」，意思是說，為了嚴格地遵守曹操的遺令，曹操生前所用的印璽都沒有隨葬。

墓主為何不能是梁惠王、石虎、冉閔、高歡或曹奐？

勤快的質疑者發現西高穴二號墓出土的「魏武王常所用挌虎大戟」、「魏武王常所用挌虎大刀」和「魏武王常所用挌虎短矛」等文物，將墓主直指「魏武王」，於是迅速找出歷史上多位能與「魏武王」扯上關係的人物：

魏擊（？—前三七一）：魏文侯之子。三家分晉後，魏國第二任君主。死後其子魏罃於大梁稱王（即梁惠王）後，追尊其為「武王」，算是我國歷史上最早的「魏武王」。

石虎（二九五—三四九）：後趙皇帝。曾將國都遷至鄴城。西元三四九年病逝，葬於鄴城，安葬在顯原陵，廟號太祖，謚號武皇帝。

冉閔（約三二二—三五二）：西元三五〇年建「冉魏」，後被追封為「武悼天王」。文獻謂有「左杖雙刃矛，右執鉤戟」之勇。三五二年戰死，僅活了三十歲左右。

姚襄（約三三〇—三五七）：羌人。東晉升平元年（三五七）五月與前秦軍交戰時，在關中被殺，年二十七歲。姚萇稱帝後，追謚姚襄為魏王，謚號為武，也即「魏武王」。

高歡（四九六—五四七）：東魏權臣，一生征戰，死後諡為「武王」。東魏武定八年（五五〇），高歡之子高洋廢黜東魏孝靜帝元善見，建立齊國，史稱北齊。高洋追尊高歡為太祖獻武帝，後被改尊為高祖神武帝。

質疑者一方面否定西高穴二號墓是曹操墓，另一方面急於找出他們認為的「墓主」。上述人物，都沾一個「武」字，而且與「魏」有關，於是以殘缺知識大開張冠李戴之遊戲，將上述人物排了個遍。有人說墓主是魏武侯，有人說是冉閔，有人說是姚襄，有人說是高歡……

其實僅年代一項，上述人物便與西高穴二號墓不合。有人堅持說西高穴二號墓的墓主是曹奐。曹奐是曹魏末代皇帝，死時已是西元三〇二年，距西高穴二號墓的年代已有八十年之久。時間跨越八十年，實物用品和生活風俗早已發生巨大變化。站在曹奐所處的時代，如何解釋西高穴二號墓中的文物古董？更不要說晚於東漢末年百年之久的石虎和數百年之後的高歡。再者，冉閔戰死時才三十歲，姚襄更是三十歲不到。西高穴二號墓中六十歲以上的男性頭骨，如何配得上這兩個年輕的腦袋？再者，姚襄是與前秦作戰在關中被殺，死後應葬在秦地而不是鄴（當時鄴地已屬燕）。

西高穴二號墓該如何命名？

西高穴二號墓既然是曹操的墓，那麼，這座墓應該怎樣定名最合乎歷史實際？自西高穴二號墓發現以來，已經出現過多種名稱，如東漢大墓、曹魏大墓、曹操高陵、曹魏高陵。聽起來不是問題的問題，實際似乎已經發生某種「混亂」。

曹操是個歷史人物。他有自己的時代、有自己特定的身分。曹操雖然被尊為曹魏的「高祖」、「武皇帝」，但死在東漢末年，故稱「曹魏大墓」明顯不妥。《三國志‧魏書‧武帝紀》「謚曰武王。二月丁卯，葬高陵」。曹操死後，曹丕等呼其墓為「高陵」。

曹植《武帝誄》「既次西陵，幽闥啟路。群臣奉迎，我王安厝」。其中將曹操墓稱為「西陵」。這是在「高陵」定性的基礎上，加上了地理的概念，因此也是可以的。唐朝以前很多詩人將曹操墓稱作「西陵」，是因為他們作詩時均在鄴城或相州。

命名古代大墓，地理位置通常不是首要的考慮條件，基本「要素」是人名與身分。常人之墓為墓，皇帝之墓為陵。雖然將西高穴二號大墓稱為「曹操墓」簡單明瞭，但未將曹操「生前等同皇帝」、死後被追認為「武皇帝」的身分表達出來。比較合乎傳統文化的稱呼是「曹操高陵」或「魏武帝高陵」。

考慮到「曹操」在中國人心目中不僅僅是個歷史人物的名字，更是文化符號，無論西高穴二號大墓如何命名，「曹操」兩個字或許都應該保留。

因此，西高穴二號墓的最佳名稱應該是：曹操高陵。

第五章

高陵裡的曹操印象

東臨碣石，以觀滄海。
水何澹澹，山島竦峙。
樹木叢生，百草豐茂。
秋風蕭瑟，洪波湧起。
日月之行，若出其中；
星漢燦爛，若出其裡。
幸甚至哉！歌以詠志。

——曹操《觀滄海》

往事越千年，魏武揮鞭，東臨碣石有遺篇。
蕭瑟秋風今又是，換了人間。

——毛澤東《浪淘沙．北戴河》

曹操的《觀滄海》與毛澤東的《浪淘沙．北戴河》，是中國兩位重要歷史人物穿越千年的對唱。當年曹操北征烏桓，回師中原，路經碣石，詩興大發，寫下《觀滄海》

時，不會想到千餘年後會有另一位偉人與其「以文會友」。

《三國志》和《三國演義》分別描繪了不同的曹操。歷史上的曹操是英雄，《三國志》基本上如實做了記敘和評論，但《三國演義》則把曹操描繪成了奸臣。因為《三國演義》通俗易懂，看的人多，甚至民間各種版本的三國戲也都是按《三國演義》為藍本編造的，所以曹操在舊戲舞臺上也是白臉奸臣。曹操的奸臣形象，便隨著小說和舊戲在民間定型。

一九五九年，郭沫若公開撰文認為，曹操生前滅豪強、抑兼併、濟貧弱、興屯田，為漢末混亂的社會帶來了秩序；他平定烏桓、維護統一，更帶來了建安文學的繁榮。

他認為「曹操對於民族的貢獻是應該做高度評價的，他應該被稱為一位民族英雄。然而自宋以來，所謂『正統』觀念確定了之後，這位傑出的歷史人物卻蒙受了不白之冤。自《三國志演義》風行以後，更差不多連三歲的小孩子都把曹操當成壞人，當成一個粉臉的奸臣，實在是歷史上的一大歪曲[1]」。

1 郭沫若《談蔡文姬的〈胡笳十八拍〉》，《文學遺產》專刊第二四五期。

翦伯贊讚同郭沫若的意見說：「在我看來，曹操不僅是三國豪族中第一流政治家、軍事家和詩人，並且是中國封建統治階級中有數的傑出人物[2]。」

隨後，學術界掀起了關於如何評價曹操的前所未有大討論，可謂盛極一時。這次討論使曹操的形象在學術界有了重大改變。

即使不同意翻案的學者譚其驤也承認，「曹操是一個有優點、有缺點，功勞很大、罪孽也不小的歷史人物。從全面看問題，總的評價應該是功過於罪[3]。」

曹操究竟是個怎樣的人物？

第一節　文獻紀錄的超世之傑

青年曹操的豪情與憂患

曹操生於西元一五五年（漢桓帝永壽元年）。其祖父曹騰，是漢桓帝時頗有地位的宦官。東漢時期，宦官允許收養子。曹騰即收有養子曹嵩[4]。曹操係曹嵩所生。

少年時代的曹操，聰敏而放蕩不羈。

漢代有一種特殊的人才選拔制度，謂之「舉孝廉」。即政府將各地的孝順、清廉之士推選出來，充任官吏。曹操的政治生涯，正是從舉孝廉開始的。

西元一七四年（漢靈帝熹平三年），曹操二十歲時，被推舉為孝廉。先為郎，後為洛陽北部尉。曹操在洛陽任職時，頗得百姓稱道。

那時的曹操，想當一名郡守。他要為政一方，做一名清官，建立起榮譽[5]。

西元一七七年（熹平六年），二十三歲的曹操調任「頓丘令」，但不久受他人官司牽連，去職回到了老家亳州。他在家鄉一住數年，娶了兩房妻室，一為丁氏，一為卞氏。

2 翦伯贊〈應該替曹操恢復名譽——從「赤壁之戰」說到曹操〉，《史學》專刊第一五二號。
3 譚其驤〈論曹操〉，《文匯報》，一九五九年三月三十一日。
4 陳壽《三國志・魏書・武帝紀》，「桓帝世，曹騰為中常侍大長秋，封費亭侯。養子嵩嗣，官至太尉，莫能審其生出本末。嵩生太祖。」
5 曹操《述志令》，「欲為一郡守，好作政教，以建立名譽。」

西元一八〇年（光和三年），二十六歲的曹操再次出道，獲得一個「秩比六百石」的議郎。議郎雖然有「六百石」的俸祿，卻沒有具體的權力，有點像今天的顧問。即使在這樣一個閒職上，曹操卻幹得十分認真。其間他兩次上書，按照自己的判斷為他人主持公道，切諫時弊，儼然一名有理想、有抱負的青年。

西元一八四年（中平元年），曹操三十歲時，河北巨鹿人張角發動黃巾起義，頃刻之間，天下響應，朝廷震動。漢靈帝決定征剿。曹操做為當時的年輕官吏，被拜為「騎都尉」，隨同皇甫嵩出征討伐潁川（今河南禹州一帶）的黃巾軍。

騎都尉是兩千石的官職，因此是他為官生涯中的一次重要晉升。此次出征，他所在的官軍大破潁川黃巾軍，「斬首數萬級」。

因鎮壓黃巾起義的軍功，曹操被提拔為「濟南相」。

漢代實行郡國制，郡直隸於中央，國是分封給諸侯的領地。濟南國，轄境相當於今天的山東濟南、章丘、濟陽、鄒平等市縣。在濟南任上，曹操做了一件有名的事：禁斷淫祀。

所謂淫祀，指多餘或不必要的祭祀活動。當時的濟南國，祠廟甚多。百姓見廟就拜，耽誤生計。曹操不顧各方反對，強令拆除祠廟。

他的舉動招惹了當地豪強，引起許多人不滿，後不得不託病請辭[6]。朝廷並未輕易放走曹操，而是先調他為「東郡太守」。曹操未接受這一職務。朝廷又許之以「議郎」之職。曹操雖勉強接受了議郎一職，人卻再次回到老家亳州，在亳州郊外讀書弋獵、自娛自樂。此次曹操在家鄉住了一年多。

西元一八六年（中平三年），朝廷再次徵曹操為都尉。曹操接受了這項軍職，再次掌握兵權。兩年後，三十四歲的曹操被王芬等人相中，與他共謀「廢靈帝」，遭曹操拒絕。

陳留起兵

西元一八九年（中平六年），漢靈帝死。地方軍閥董卓進京（洛陽），廢少帝劉辯，另以陳留王劉協為帝，這位新皇帝便是中國歷史上的漢獻帝。

---

6 曹操《述志令》，「故在濟南，始除殘去穢，平心選舉，違迕諸常侍。以為強豪所忿，恐致家禍，故以病還。」

董卓為籠絡掌有一定兵權的曹操，推薦曹操為驍騎校尉。曹操內心反對董卓的為人，認為董卓終究不能長久，不願意與之合流，決定棄洛陽東歸，奔亳州老家而去[7]。

曹操東歸路過陳留（今河南開封境），見了陳留太守張邈及舉了孝廉的朋友衛茲。三人均反對董卓左右朝政，遂決定起兵討伐董卓。曹操散去家財，招兵買馬。曹操家鄉的族人也紛紛由亳州來到陳留，支持曹操的事業。後來輔佐曹操建功立業的著名將領夏侯惇、夏侯淵、曹仁、曹洪、樂進等，均在此時加入了曹操的陣營。曹操還親自與工匠一起打造兵器，僅用數月時間，為自己建立起一支五千人的軍隊。

西元一八九年（中平六年）十二月，曹操在

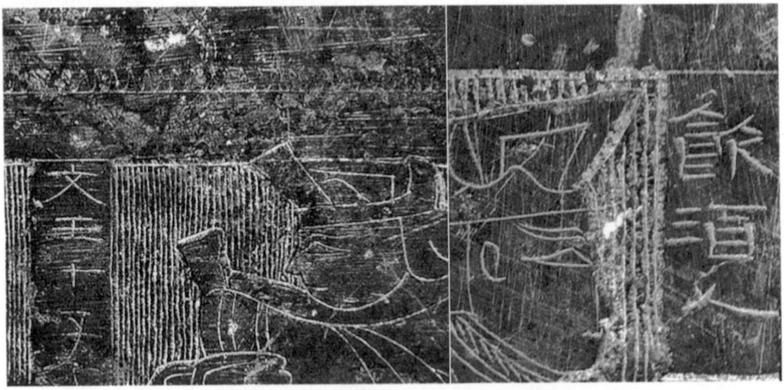

曹操拆除他人祠廟鋪在自己墓底的畫像石局部

陳留的己吾（今河南寧陵西南），正式舉起討伐董卓的大旗[8]。這年曹操三十五歲。當時的關東地區，除洛陽為董卓控制之外，其他如河北、河南餘部、山東、安徽等地，討伐董卓漸成燎原之勢。

西元一九〇年（漢獻帝初平元年）正月，冀州牧韓馥、兗州刺史劉岱、河內太守王匡、渤海太守袁紹、東郡太守橋瑁、豫州刺史孔伷、濟北相鮑信、後將軍袁術等均起兵反對董卓。陳留太守張邈與曹操也加入其中，他們推袁紹為盟主，合兵一處，聲勢浩大。袁紹以盟主的身分，任命曹操代理「奮武將軍」。

來自東方的討伐浪潮，給董卓形成巨大的壓力。為應對袁紹的討伐聯盟，董卓於西元一九〇年二月將漢獻帝由洛陽遷往長安，同時燒燬洛陽的部分宮室官府，遷徙洛陽數百萬人口入關中，又指示部將發掘諸帝陵及公卿以下塚墓，「收其珍寶」[9]。他的這些

7 杭世俊《三國志補注・魏書・武帝紀》引《魏書》，「太祖以卓終必覆敗，遂不就拜，逃歸鄉里。」

8 陳壽《三國志・魏書・武帝紀》載，「太祖至陳留，散家財，合義兵，將以誅卓。冬十二月，始起兵於己吾。」

9 范曄《後漢書・董卓傳》。

舉動，是為自己萬一軍事失利所做的準備。

曹操對董卓破壞洛陽的暴行極為憤慨，寫下《薤露》一詩：

惟漢二十二世，所任誠不良。沐猴而冠帶，知小而謀強。猶豫不敢斷，因狩執君王。白虹為貫日，己亦先受殃。賊臣持國柄，殺主滅宇京。蕩覆帝基業，宗廟以燔喪。播越西遷移，號泣而且行。瞻彼洛城郭，微子為哀傷。

雖然董卓將漢獻帝西遷，但軍事上並未放棄洛陽。他令大將徐榮屯兵滎陽，以狙擊關東聯軍。但這時的袁紹聯軍，卻懼怕起董卓來，不敢出戰。曹操出面勸說袁紹，認為此時正是一戰而定天下的良機。袁紹未從。

此時的曹操，顯示出剛強正義的一面。他決定率自己的部眾出戰。曹操引兵到達滎陽前線，聯軍中支持曹操的，只有濟北相鮑信和陳留太守張邈派出的衛茲一部。

屯守滎陽的徐榮，統領的是久經沙場的西涼兵馬，力量也強於曹操。雙方接戰，曹操部眾死傷甚多。曹操的朋友衛茲戰死，濟北相鮑信及曹操本人都受了傷。

滎陽失利，並未挫去曹操的勇氣。他繼續在家鄉及揚州等地募兵，不久，帶三千人回到袁紹駐地。但此時的關東聯軍內部各懷異志，甚至發生內訌，兗州刺史劉岱殺了東郡太守橋瑁；袁紹本人和冀州牧韓馥則謀另立幽州牧劉虞為帝。

曹操對另立一個皇帝的作法甚為不滿，提出「諸君北面，我自西向」[10]，表明自己仍然擁戴漢獻帝的意志。

奠基沙場

西元一九一年（初平二年），袁紹等不顧反對，立劉虞為帝，劉虞並不接受，袁紹只好作罷。同年，孫堅在袁術的支持下，幸運地攻下洛陽。董卓被迫退回長安。孫堅占據洛陽後，聯軍暫時失去共同的軍事目標，便各展異志，謀求壯大自己的勢力。

袁紹利用韓馥與屯兵幽州的奮起將軍公孫瓚之間的矛盾，迫使韓馥將冀州牧讓給自

10 陳壽《三國志・魏書・武帝紀》，裴注引《魏書》。

己。但袁紹自身卻受到活躍在太行山一帶被稱為「黑山軍」的黃巾餘黨襲擊。

西元一九一年（初平二年），黑山軍首領褚飛燕率十餘萬眾攻魏郡（今河北磁縣、臨漳一帶）、東郡（今河南濮陽西南）。袁紹派曹操迎戰，曹操破「黑山軍」於濮陽。戰功使曹操從袁紹手中換來了「東郡太守」的稱號，獲得東武陽（今山東莘縣南）的治理權，從此曹操有了自己的地盤，勢力大增。

西元一九二年（初平三年）春，「黑山軍」又圍攻東武陽，曹操再次獲勝，其軍事才能開始真正展現出來。

河北的黃巾軍受到曹操打擊，但山東黃巾軍的勢力卻發展了起來。西元一九二年（初平三年）四月，青州黃巾軍以百萬之眾攻兗州，殺兗州刺史劉岱。東郡官員陳宮及素與曹操交好的濟北相鮑信等見此形勢，說服兗州官員，建議迎曹操為兗州牧。東漢分十三州，州牧已是地方最高一級軍政長官，相當於今天的省長。曹操成為兗州牧時，年僅三十八歲。

曹操在兗州牧任上，繼續鎮壓黃巾軍。西元一九二年（初平三年）冬，他在今山東長清一帶與黃巾軍作戰，通過軍事壓力和談判，說服數十萬人投降。他對降者不加傷害，並從降卒中挑選精壯者五、六萬人（一說三十萬人），編成「青州軍」，組建了一支新的屬於自己的重要軍事力量。

曹操在打擊黃巾軍的過程中，得了兗州牧，又壯大了武裝。從某種程度上說，是平黃巾的征途為曹操的崛起提供了良機。

曹操雖然實際控制了兗州，但他的兗州牧卻未獲長安朝廷的認可。不久，袁術即聯絡公孫瓚、徐州牧陶謙等進攻曹操。曹操先擊敗袁術，正巧曹操的父親曹嵩攜帶自己的金銀財產前來投奔曹操時，在陶謙轄區，被陶謙的部將害死。曹操遷怒於陶謙，便一心要尋陶謙復仇。

西元一九三年（初平四年），曹操留陳宮守東郡，自己率兵征討陶謙。大軍一開始所向無敵，很快打到陶謙的大本營彭城（今江蘇徐州），陶謙親率主力來戰，還是不敵曹操，遂東走郯縣（今山東郯城）堅守不出。曹操攻郯不下，為父報仇心切的曹操震怒之下大開殺戒，屠男女數萬，血濺泗水[11]。如果這是真實的，則暴露了曹操隨性殘忍的

11 陳壽《三國志·魏書·荀彧傳》，裴注引《曹瞞傳》，「坑殺男女數十萬口魚泗水，水為不流。」

一面。

曹操久攻郯縣不下，糧食接濟發生困難，而陶謙又得青州刺史田楷及劉備的支持，只好暫時撤兵。

西元一九四年（興平元年）四月，曹操再次東討陶謙，一直打到琅玡、東海兩郡。未料陳宮、張邈等乘曹操東征，背著曹操推舉呂布為兗州牧。曹操得知後火速趕回兗州，但此時呂布已占了濮陽。曹操即帶兵圍攻濮陽，與呂布惡戰，互有勝負，進入與呂布相持的局面。不久陶謙病死，他臨死前將徐州牧給了劉備。

西元一九五年（興平二年），曹操終於打敗呂布，逐漸收復兗州失地。呂布、陳宮等落荒投奔劉備；張邈則在赴揚州的路上被部從所殺。兗州局面最終穩定下來。長安朝廷見曹操控制了兗州，也只好正式任命他為兗州牧。

挾天子以令諸侯

曹操在關東鏖戰之際，也是長安大亂之時。

西元一九六年（建安元年），漢獻帝在董承、楊奉等人陪伴下渡過黃河，出奔山西，最終輾轉來到洛陽。此時的洛陽，宮殿已毀，百官沒有住處，獻帝只好住在原來的宦官趙忠家裡，飲食也成了大問題。

聽說天子東來，袁紹的謀士沮授立即向袁紹建言，「西迎大駕，即宮鄴都，挾天子而令諸侯。」袁紹沒有聽從這一建議。

曹操素有敬重天子的品行。

當年董卓罷少帝劉辯，曹操即起兵討伐董卓；後袁紹謀另立劉虞，曹操也堅決反對。現在聽說獻帝到了洛陽，便決心將天子接到許縣來。

曹操通過各種手段，先獲得了楊奉的同意。楊奉還建議漢獻帝拜曹操為鎮東將軍，並襲費亭侯。曹操一番推辭之後，表示接受，親赴洛陽朝見獻帝，實際上控制了洛陽，隨後又在很短時間內，獲得漢獻帝賜予的節鉞。漢獻帝還命他錄尚書事，兼「司隸校尉」。

領了節鉞，代表曹操有了統領內外諸軍的權力。錄尚書事，表明他又有了總管朝政的權力。司隸校尉負責監察百官、維護京師治安，由此曹操獲得了中央賦予的軍政大權。

西元一九六年（建安元年）八月，曹操將漢獻帝迎到許縣。許縣自然也就成了許都。

天子至許都後，封曹操為大將軍、武平侯。大將軍一職使得曹操握有名正言順的軍事大權，而武平侯是縣侯，更高於他原來承襲的亭侯兩級。更為重要的是，曹操實現了「奉天子以令不臣」的大計。曹操未費大力，取得洛陽以東一大塊地方，關中諸將也聽其號令。這年，曹操四十二歲。

曹操得以獨自控制獻帝之後，楊奉不服，想搶回獻帝，被曹操擊敗後，投奔袁術。

曹操控制了獻帝，最後悔的是袁紹。曹操念袁紹舊情，又見袁紹並不公開抗拒朝廷，便以獻帝名義任袁紹為太尉，封鄴侯。

當時司徒、太尉、司空為朝廷「三公」，是中央最高位階。不過，漢末大將軍的地位等同甚至高於「三公」。袁紹看到自己雖被封「三公」之一，地位卻在曹操擔任的大將軍之下，反認為曹操忘恩負義，拒不接受任命。曹操見此，又將大將軍讓與袁紹，自任「司空」。此時曹操與袁紹並未翻臉，可見曹操之義。

漢獻帝在曹操的實際控制之下，對長期跟隨他征戰立功的荀彧、程昱、毛玠、董昭、夏侯惇、夏侯淵、曹洪、樂進、李典、于禁、徐晃、典韋等人也進行了封賞。

獎掖舊部的同時，曹操延攬新秀，以寬容之心善待來者。他通過封賞有功之人、用賢用能、廣攬人才，有效地控制了國家的管理系統，掌握了軍隊，並建立了自己的智囊團。

許下屯田

政局穩定之後，曹操採納毛玠的建議，著手「修耕植、畜軍資」。即通過有效地管理耕作和種植、發展經濟，解決軍糧問題。

生活在糧食豐足的今天，人們很難理解古代的糧食匱乏。許多人投身軍旅，其實僅僅是為了有口飯吃。曹操征戰關東期間，常常受到軍糧問題的困擾。當年他揚州募兵時，就因糧食不足，徵來的新兵中途叛逃。

曹操素懷統一神州之志。他清醒地認識到，要兼併天下，必須手中有糧。

曹操增加糧食的具體措施，便是屯田。

西元一九六年（建安元年）十月，曹操發布《置屯田令》。他任命棗祗為屯田都尉、任峻為典農中郎將，負責管理屯田事宜。

屯田制首先在許都地區推行。屯田需要兩個前提：一是要有無主荒地；二是需要有能從事屯墾的勞動力。

東漢末年長期的戰亂，造成大量人口死亡和流散。尤其關東地區，大片土地被閒置荒蕪、無人耕種。社會一旦相對穩定下來，耕種這些荒地即成為可能。

屯田制把土田分給個人，採用「計牛輸穀」和「分成收租」的辦法，鼓勵屯田戶的積極性。簡而言之，土田是政府分配給屯田戶的，通常情況下，政府與屯田戶根據收穫五五分成；如果屯田戶在耕作過程中租用政府的耕牛，則與政府按四六分成。政府得六分，屯田戶得四分[12]。

百姓對於這種分配之法十分認可[13]。

屯田制推行後，成效顯著。許下屯田的第一年，即「得穀百萬斛」。屯田制推廣之後，糧食產量大為增加，倉廩充實。

曹操通過屯田之法，為消滅盤踞各地的軍事勢力奠定了經濟基礎。

中原征討

西元一九六年（建安元年），曹操迎獻帝到許都後，各地的軍事割據形勢也大致確定。

曹操挾漢獻帝，以許為都，擁有兗、豫二州，占據著山東西部和河南地域；袁紹據冀州，又有青、並二州，控制著今天的河北、山東及山西部分地區；公孫瓚據幽州，控制今北京地區；張揚據河內，控制今山西南部；呂布據徐州，控制今江蘇大部；袁術據淮南，控制今安徽和河南一帶；劉表據荊州，控制今湖北地區；張繡據南陽，控制今河南西南地區；孫策據江東，占有今江西、福建一帶；韓遂、馬騰據涼州，控制今甘肅一帶；張魯據漢中，擁有今四川東北和陝西南部地區；劉璋據益州，占據著今天的成都平原。

曹操分析形勢後，決定採取北和袁紹、先弱後強、各個擊破的方針，先征張繡。

西元一九七年（建安二年）正月，曹操親率大軍，向張繡占據的宛縣（今河南南陽）進兵。張繡最初在賈詡的勸說下，投降了曹操。曹操占據宛城後，偶然遇見張繡的

12 房玄齡等《晉書．慕容皝載記》，「魏晉雖道消之世，猶削百姓不至於七八，持官牛田者，官得六分，百姓得四分；私牛而官田者，與官中分。」

13 後來屯田的問題暴露出來，「募民屯田」逐漸衰落。到晉代時，屯田民逐漸轉變成了自耕農。

嬸母。曹操見其貌美，便不計後果，將其收納為妾。張繡惱怒，便降而復叛，領兵偷襲曹營。曹操毫無防備，幸得典韋、于禁拚死相救才逃得一命，典韋戰死。曹操的長子曹昂為救父親，將坐騎讓給曹操，也不幸被張繡的兵殺死。

第一次征張繡失敗後，曹操一面利用漢獻帝穩住關中及西涼的馬騰、韓遂，一面做再次征討張繡的準備。

西元一九七年（建安二年）十一月和西元一九八年（建安三年）三月，曹操兩次發兵討伐張繡。西元一九九年（建安四年），張繡終於再次接受賈詡的建議，歸附曹操。

當時袁紹也想拉攏張繡，張繡對投奔曹操還是袁紹有些猶豫，尤其擔心自己與曹操多次作戰，結有仇怨，擔心曹操不容。賈詡說，曹操是個有志於建立霸業的人，一定不會計較個人私怨，再說他奉天子號令天下，我們投降名正言順。果然，曹操並未計較殺子之仇、殺愛將之恨，接受了張繡，並請獻帝封其為列侯、揚武將軍，顯示出政治家的博大胸懷。

在與張繡的搏殺過程中，曹操與袁術、呂布之間也有戰爭。

袁術久有稱帝異志。西元一九七年（建安二年），袁術乘曹操征張繡之機，抱著從孫堅手中搶來的「傳國璽」，在壽春稱帝。

袁術稱帝後，遭天下非議，便打算拉攏呂布。呂布在曹操勸說下，對聯合袁術一事猶豫不決，屢改初衷。袁術見呂布出爾反爾，便派大將張勳等聯合楊奉、韓暹等攻打呂布，但楊奉、韓暹反而在呂布勸說下反戈一擊，攻擊起袁術來。袁術大敗。

曹操見袁術勢力已弱，便於西元一九七年（建安二年）率軍南向討袁。袁術不敵，退至淮河以南，從此一蹶不振，後在壽春附近的江亭病死。曹操的勢力範圍也向淮南有所延伸。

西元一九八年（建安三年）九月，曹操乘袁術勢力衰退，對自己構不成威脅，便適時用兵征討呂布。呂布此時想起袁術來，派人向袁術求援，袁術當然不肯。曹操僅用三個月時間便占據徐州，擒殺了呂布和陳宮，清除了最大的勁敵。

陳宮為曹操舊友，後叛曹操。曹操殺陳宮後，仍然厚待其家人，養其母、嫁其女，表現出重情、重義、重才的品格和不計前嫌的胸懷。

在擒殺呂布的行動中，劉備幫助了曹操。曹操感念劉備之功，將其帶回許都，並向獻帝表舉他為左將軍。劉備素有恢復漢室的大志，在許都私下與獻帝的岳父、車騎將軍董承密謀，想除掉曹操。儘管曹操對劉備有所防範，甚至在酒席間以「今天下英雄，惟使君與操耳」的問話試探，終未覺察異常。不久曹操接報，聞知袁術有意北上投袁紹，便派劉備帶兵前去阻止。劉備正好藉機逃出許都，擺脫曹操的控制。劉備東去之後，立即公開打出反對曹操的旗號。

在曹操翦除袁術、呂布的同時，袁紹也向北滅了公孫瓚。

西元一九九年（建安四年），袁紹決心不再坐視曹操勢力的發展，要「南向以爭天下」，於是發精兵十萬，打算攻打許都。曹操針鋒相對，率精兵兩萬進軍黎陽，雙方形成對峙之勢。

西元二〇〇年（建安五年），曹操獲得所謂「衣帶詔」，識破董承和劉備欲推翻曹操的計謀。他下令將董承和已是獻帝妻子（貴人）的董承之女一併處死。當時獻帝想保住妻子，多次向曹操求情。曹操堅拒不允，給了朝廷文武百官極大的震動，進一步確立了自己的威信。

曹操破獲「衣帶詔」事件後，對劉備的反叛耿耿於懷，更擔心劉備坐大，後方不穩。於是決定乘袁紹尚未正式撕破臉皮來攻，急速進兵攻打劉備。曹操僅用一個月時間，便擊垮劉備，擄其妻子，並迫使關羽投降。劉備只有投奔袁紹。

擊走了劉備，曹操解除了後顧之憂，又馬上回到與袁紹對壘的前線。

官渡之戰

袁紹沒有利用曹操征伐劉備的短暫機會進攻曹操，失去了戰機。

官渡之戰分為三場戰役：先解白馬（今河南滑縣東）之圍，再啟延津（今河南延津縣北）之役，最後是官渡（今河南中牟東北）決戰[14]。

西元二〇〇年（建安五年）二月，袁紹遣大將顏良進攻白馬、圍困曹操，自己則統大軍進駐黎陽，準備過河。袁紹軍隊的人數據說有十萬人[15]，而曹操軍隊的人數，有史書說不足萬人，而且不少是傷兵[16]。曹操為解白馬之圍，採納謀臣荀攸的計謀，先引兵襲延津，裝出要渡河抄袁紹後路的樣子，誘顏良出戰，再臨陣斬良，遂解白馬之圍。然

14 何茲全《讀史集》，上海人民出版社，一九八二年。
15 陳壽《三國志・魏書・袁紹傳》，「（袁紹）精卒十萬，騎萬匹。」
16 陳壽《三國志・魏書・武帝紀》，「時公兵不滿萬，傷者十二三。」

後曹操徙白馬軍民，沿黃河西撤。

曹操從白馬後撤時，袁紹從黎陽渡河追擊，至延津南時，曹操以白馬輜重餌敵。袁紹的騎兵見有輜重，自亂陣腳。曹操再勝一場。

兩場序幕戰後，曹操把軍隊撤到官渡。

同年八月，袁軍自陽武（今河南原陽）進逼官渡。袁曹兩軍在官渡對峙了兩、三個月。曹操雖然被動，但始終等待勝機。

同年九月，袁紹用數千輛運糧車送軍糧到官渡。曹操採納荀攸的建議，派徐晃等率兵燒了這批糧草輜重。

同年十月，袁紹又從河北運來軍糧一萬多車，由部將淳于瓊率兵護送，進至故市、烏巢（今河南延津境內）宿營。袁紹謀士許攸此時投奔曹操，建議乘夜去襲擊袁軍的輜重。曹操聽從許攸，留下曹洪、荀攸留守大營，自己則親率步騎兵五千人，帶上薪柴引火之物，用袁紹的旗幟做偽裝，奔襲糧草。路上有人問，則回答說是袁紹擔心被曹操抄後路，調回設防的。袁紹的兵士皆沒有懷疑。曹操等到達烏巢後，立即縱火燒糧，袁營大亂。袁紹只分了少量的兵去救淳于瓊，曹操趕在袁紹救兵到達烏巢前就打垮淳于瓊，援軍也跟著潰敗。袁紹得知曹操去燒糧草，認為曹操大營必已空虛，遂攻曹操營地。攻打曹操大本營的大將張郃和高覽因與袁紹謀士郭圖不和，憤而投奔曹操。袁紹見敗局已定，只好帶著兒子袁譚等數百騎逃回河北。

至此官渡之戰結束，曹操完成了一場中國歷史上赫赫有名的以少勝多的戰例。

占據鄴城

西元二〇一年（建安六年），曹操曾在山東陽穀一帶再敗袁紹。袁紹自此退回鄴城，逐漸積鬱成疾，於次年病逝。

袁紹死後，他的小兒子袁尚領冀州牧，駐鄴城；長子袁譚仍為青州刺史；中子袁熙仍為幽州刺史；外甥高幹則為並州刺史。四州之地，仍為袁氏控制，但袁家幾個兄弟之間，爭權奪利，關係逐漸惡化。

西元二〇四年（建安九年），曹操乘袁尚去攻打袁譚的機會，領兵直搗鄴城。鄴城十分堅固。曹操決引漳河水灌城，圍困鄴城三個月，造成城中半數人餓死。其間，袁尚領兵回救鄴城，被曹操擊潰，鄴城內士氣更加低落。

同年八月，曹操終於攻下鄴城，殺了守城的審配。

曹操進駐鄴城後，對袁家大加撫慰。他慰問袁紹的妻子，並親自到袁紹墓前祭奠，還讓曹丕納了袁紹次子袁熙的妻子甄氏為妾，隨後又免了河北租賦。

同年九月，曹操表奏獻帝，獲領冀州牧。

西元二〇五年（建安十年），曹操又殺了袁譚。

西元二〇六年（建安十一年），曹操擊敗並州的高幹。北方的大股軍事勢力終於平定。

西元二〇七年（建安十二年）二月，曹操回到鄴城，作《封功臣令》，大封功臣，並免除陣亡將士親屬的徭役負擔。

北破烏桓

袁尚、袁熙被曹操擊敗後，往北逃亡，企圖依靠烏桓的力量反抗。

烏桓是居住在遼西地區的少數民族。東漢末年，烏桓逐漸強大起來，常乘內地不平靜的時候，進犯邊城，殺掠人民，為亂漢王朝的北部邊境[17]。袁紹與公孫瓚作戰時，曾聯絡烏桓相助。滅公孫瓚後，袁紹以獻帝名義封賞過烏桓貴族。曹操為達成最終統一北方的目的，毅然決定遠征烏桓，解決邊患。

西元二〇七年（建安十二年）五月，曹操率大軍從鄴城出發，先到達易縣。八月，與烏桓王蹋頓、遼西單于樓班、右北平單于能臣抵之等戰於几城（今遼寧朝陽市附近）。當時蹋頓的聯軍達數萬人，激戰之後，曹操殺死蹋頓，大破烏桓。袁氏兄弟見狀投奔公孫康。公孫康迫於曹操聲勢，將袁尚、袁熙殺死，割下首級獻給了曹操。

曹操征烏桓，完成統一北方的戰爭後，於次年正月回到鄴城。途中，曹操經過河北昌黎，面對大海思緒萬千，寫下《觀滄海》一詩，氣勢宏闊，表達了豪邁的進取之心。

赤壁之戰

曹操返回鄴城後，立即開始了向南用兵的準備。

此時南面與曹操對峙的有荊州劉表、江東孫權及依附於劉表的劉備三股力量。

17 陳壽《三國志・魏書・烏丸傳》，「寇暴城邑，殺略人民，北邊仍受其困。」

西元二〇八年（建安十三年）八月，劉表病死，其子劉琮附曹，曹操於是奪得荊州。劉備聽說劉琮降了曹操，急忙率部南下，並帶出劉琮左右及眾多荊州百姓。曹操對劉備的中路進行追擊。劉備敗退到江夏，受到劉表的另一個兒子江夏太守劉琦的接應。

曹操奪得荊州，聲威大震。孫權、劉備不得不結成聯盟以自保。

曹操隨之率兵八十三萬（另說二十萬）順水而下，與孫劉聯軍對峙於赤壁。赤壁位於今湖北赤壁市西北，隔江與烏林（今湖北洪湖市東北）相對。曹操的戰船靠在烏林一側。為解決出兵時北方士兵暈船的問題，他決定用鐵鍊將戰船連鎖在一起。東吳大將周瑜、黃蓋等決定採用火攻。

同年十二月七日，黃蓋率「蒙衝鬥艦數十艘」，各自裝上易燃的乾草薪柴，灌上膏油，用帷幕裹好。又在每條船後預備將載士兵返回的「走舸」，乘夜間駛向曹營，對外只說是前來投降的，騙過了曹軍。

離曹軍兩里（今八百一十三米）左右，黃蓋下令各船點火，頃刻間「煙炎張天，人馬燒溺死者甚眾」，大火延及了岸上的陸寨。

周瑜見偷襲得手，自率輕銳，殺奔而來。劉備也帶兵殺向烏林。曹軍此時已亂，敗而西逃。周瑜、劉備水陸並進，追趕曹操至南郡城下。曹操見敗局已定，只好讓部將守住襄陽，自己率殘部退回鄴城。

赤壁之戰後，孫權以周瑜屯江陵、程普守江夏、呂蒙為潯陽令。這樣東吳控制了西起今湖北宜昌、東至今江西九江的長江防線。劉備則據有公安，後又占得武陵、長沙、桂陽、零陵等地。劉琦死後，劉備自領荊州牧。

赤壁戰敗，是曹操統一中國行動的悲壯失敗。三足鼎立的格局開始形成。

這一年，曹操五十四歲。

從魏公到魏王

西元二〇八年（建安十三年）六月，赤壁之戰前夕，曹操罷廢「三公」的設置，復置丞相以獨攬軍政大權，曹操自為丞相。後世戲劇中的「曹丞相」一詞，由此而來。

赤壁戰敗，曹操聲望受損。隨後的兩年中，曹操開始將更多的精力放在內政上。

西元二一〇年（建安十五年），曹操下《求賢令》，廣納賢士。同時在鄴城建銅雀臺。

西元二一一年（建安十六年），馬超、韓遂擁兵十萬反叛曹操。曹操大破馬超，平定關中，聲望恢復如初。

西元二一二年（建安十七年），曹操平復馬超後返回鄴城。漢獻帝給予曹操特殊待遇，允許曹操入朝時佩劍在身。這時的曹操，更加重視鄴城。謀求在鄴地直接掌握更多封地。

西元二一三年（建安十八年），在曹操的策劃下，獻帝封其為魏公[18]。「割河內之蕩陰、朝歌、林慮，東郡之衛國、頓丘、東武陽、發干，巨鹿之廮陶、曲周、南和，廣平之任城，趙之襄國、邯鄲、易陽以益魏郡。」

西元二一四年（建安十九年），孫權攻陷皖城。曹操不甘，再次親征孫權，但此次出征，三個月即還，未獲建樹。同年劉備破蜀，並取代劉璋為益州牧。曹操遂又生西征張魯之意。

西元二一五年（建安二十年）春，曹操西征張魯，同年十一月即迫張魯投降。其間，司馬懿、劉曄曾建議曹操乘劉備取代劉璋不久，發兵討蜀。曹操沒有聽從。

西元二一六年（建安二十一年）二月，曹操自漢中回到鄴城。同年五月，曹操晉爵為魏王。加封魏王的曹操並未放棄統一大志，同年十月，再次發兵征討孫權，並將孫權擊敗。

西元二一七年（建安二十二年）三月，孫權派人請降，曹操便又回到鄴城。獻帝隨即詔曹操設天子旌旗，出入警戒清道；不久，又命曹操「冕用十二旒」，備天子乘輿。曹操則立曹丕為王太子。

同年八月，曹操下《舉賢勿拘品行令》，提出即使有盜嫂好色的惡習，只要有才華，也應不拘一格重用。

病逝洛陽

西元二一七年（建安二十二年）十月，劉備遣張飛伐漢中。

西元二一八年（建安二十三年），劉備率兵親至漢中。曹操不得不再次親征。

西元二一九年（建安二十四年）三月，曹操進至漢中，與劉備交戰數次後，成效不

18 范曄《後漢書．孝獻帝紀》，「夏五月丙申，曹操自立為魏公，加九錫。」

明顯，自知漢中難保，遂放棄漢中，將防線設在陳倉。

同年夏，曹操回到鄴城後，立夫人卞氏為王后，終於給了這個忠誠的女子一個名分。同年秋，曹操策動孫權襲荊州，自己則駐兵摩陂，使徐晃與關羽對陣。十二月，孫權攻陷荊州；關羽被擒殺。

西元二二〇年（建安二十五年）正月，曹操回到洛陽，於二十三日病卒。二月，曹操諡魏武王，葬於高陵。十月，獻帝讓位於曹丕，改年號為黃初元年。東漢亡。

同年十一月，曹丕追尊曹操為武皇帝。

第二節　墓葬裡的人生真實

從地下發掘出來的考古資料，以「印證」、「補充」、「重建」三項功能在史學界馳騁。資料的客觀性，往往能導致許多歷史被改寫。

曹操高陵的考古資料，又在哪些方面印證了文獻中的曹操？為這位風雲人物補充了什麼故事？是否有文獻失載但可以重建的曹操形象呢？

姿貌短小　神明英徹

曹操高陵中的人骨，多數集中出土於後室的下部。

曹操是墓中唯一的男性。其骨骸可辨認的只有頭骨、下頜骨、肋骨、盆骨殘塊和股骨，骨骼出土時多散亂。其中頭骨出土於前室東部，靠

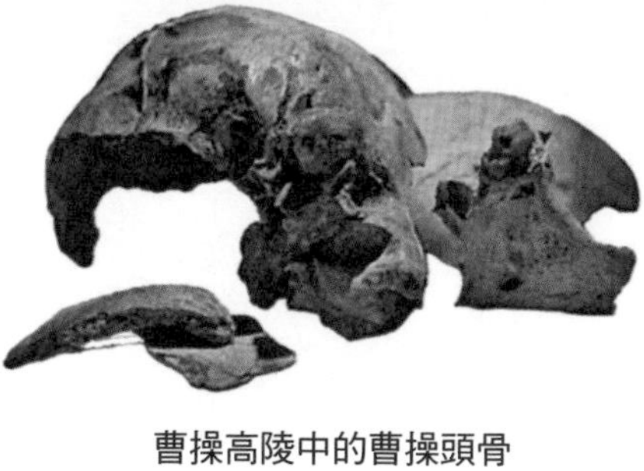

曹操高陵中的曹操頭骨

近前甬道位置的擾土下層；肋骨和盆骨散落於前室和南側室；股骨等其他殘骨分布於後室擾土中。出土時，頭骨已經裂成數塊，面部僅剩下殘片。

對於考古學來說，頭骨、面骨可以復原容顏，肢骨可以推算身高。若非面骨不全，我們甚至可以推知曹操的大致長相。不幸中的萬幸，曹操的骨骼還殘存了頭骨、下頜骨。從下頜骨上的兩顆牙齒，我們知道曹操生前有嚴重的齲齒，因為其中一顆牙齒上有齲洞。根據股骨長度推算，曹操身高可能只有一米五六。通常情況下，人體長骨的長度，與人的整體身高直接相關，其中根據股骨推算身高誤差最小。即使考慮到各種因素，曹操身高不足一米六，幾乎是板上釘釘的事。

當初安葬的時候，曹操原本躺在後室的木棺內，並且木棺又原在一副石質的棺床之上。可惜木棺已遭破壞，石棺床已被盜走。考古隊打開墓葬時，僅僅在後室的後部找到六個曾經放置石棺床留下的方形痕跡。

後室內發現有大、中、小三種鐵質棺釘。其中的大型棺釘長達二十七・五釐米，由此可推測曹操的棺木十分厚重。後室還發現大型鐵飾板，上有鉚釘，背面還有殘留木梢，由此可知曹操埋藏時躺在厚重的棺木內。

後室內發現有大、中、小三種鐵質帳構件，推測棺木外面還罩有用絹做的絳色帳幔。證據來自墓內隨葬的「物疏」（石楬）中，有一塊刻有「廣四尺長五尺絳絹升帳一具、構自副」，此塊石牌可與墓內出土的鐵帳構互證。

後室發現的畫像石中，有瓦當和門柱部件。瓦當多以雲紋裝飾，正是東漢晚期的特點，與曹操所處的時代相符。由此可推知，棺床的圍合部分可能做成了帶屋宇的仿宮殿結構。

考古隊打開墓葬時，墓室內部粉刷有一層薄薄的白灰。白灰內摻有麻纖維，局部留有明顯的工具痕跡。在前、後室四壁上部，均發現有多層掛釘。其中前室的鐵釘外端為圓環狀，孔內有已朽的絲繩殘留；後主室掛釘外端為鉤狀，推斷其可能是用來懸掛帳幔所用，當初墓室內可能懸掛有複雜的帳幔。曹操埋葬之時，他的安息之所進行了精心的裝飾。

後室是墓葬最重要的空間，卻又只是墓葬整體的一部分。這座「四室兩廳」的墓葬，以巨大的青石鋪地，以特製的四種不同型號的青磚砌牆。一共七百四十平方米的建築，神道向東。這便是神明英徹的曹操最終的安息之所。

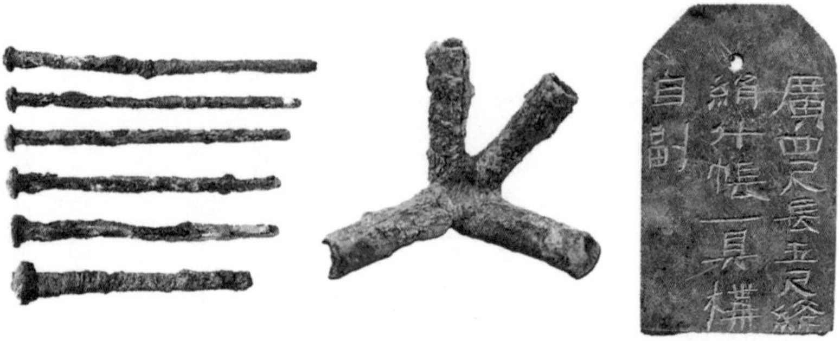

曹操高陵中發現的鐵釘與帳構件及石牌

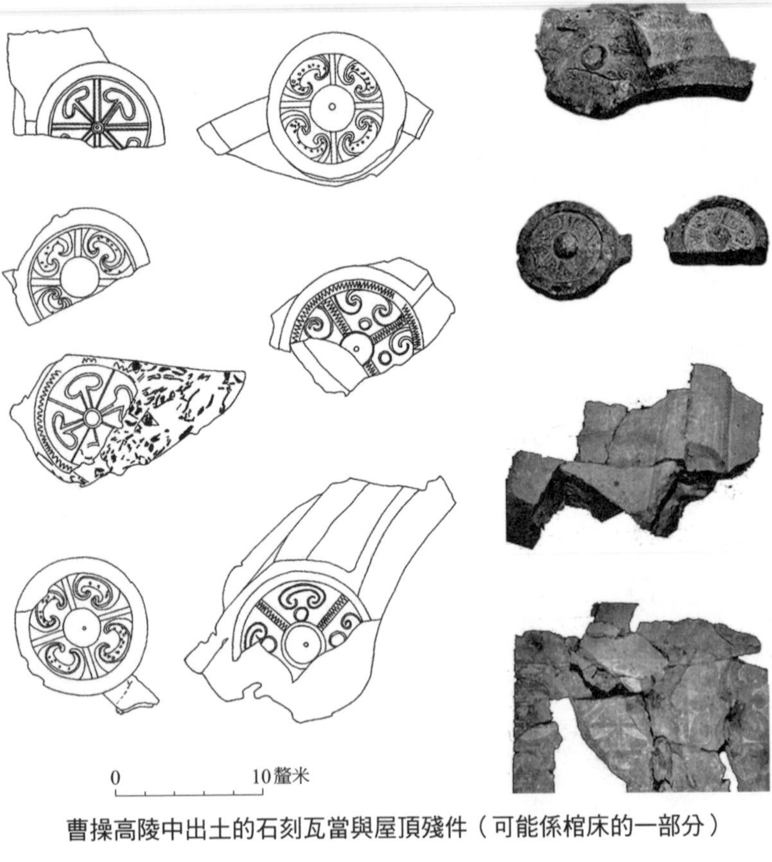

曹操高陵中出土的石刻瓦當與屋頂殘件（可能係棺床的一部分）

墓室中的曹操雖然身姿短小，但絲毫沒有遮蔽他奮發進取、功勳卓著的一生。刻有「魏武王」三字的石牌，記錄了他做為政治家的輝煌；「挌虎大戟」、「挌虎大刀」、「挌虎短矛」列具的威儀與氣勢，透露出他相伴終生的追求與理想；而鎧甲與刀劍相隨，顯示他一路走來，人生不易。東晉史學家孫盛在《魏氏春秋》中以「姿貌短小，神明英徹」[19]八個字評價曹操，準確而精練。

曹操的日常生活

人們熟悉的曹操，是做為政治家、軍事家或文學家的曹操。日常生活中的曹操是什麼樣子呢？

墓內陪葬之物，包括「物疏」所列但已融解於土壤中的有機質物品，一定程度上還原了曹操的生活側面。

19《太平御覽》卷三七八〈人事部〉一九引孫盛《魏氏春秋》，中華書局一九六〇年影宋本第二冊。《世說新語》所引則作「姿貌短小，神明英發」。

白衫、絳裙與紫綃披

曹操的隨葬衣物，有衣、衫、襦，有裙、袴，有袍，有疏披，有臂褠，有帽，有襪，有手巾。上身所著，下身所穿，頭部所戴，手中所執，足下所蹬，一應俱全。從布料上看有絹、綺、綃、練、縑、綾、錦和絨等，顏色包括絳、玄、緋、紫、白、丹、黃、絳白。色彩豐富，一如曹操的多彩人生。

衣或衣料：「白練單衫二」、「丹文直領一」、「玄三早緋」、「熏二絳緋」、「丹綃襜襦一」、「絨三幅一」。

裙：「白練單裙一」、「白綺裙自副」、「絳白複裙二」。

披：「絳疏披一」、「紫綃披衫黃綃□一」。

曹操在《遺令》中，曾交代後人「殮以時服，葬於鄴之西岡上」。相信這便是曹操平日裡穿的衣服。

他喜歡內穿白色和絳紫色，偶穿紅色（丹）和絳色的衣服。六邊形石牌物疏中，有一塊刻有「黃綾袍錦領袖」。儀式場合，他可能還著黃綾袍，並套上錦領袖。六邊形石牌物疏中的「絳疏披一」、「紫綃披衫黃綃口一」，有學者認為類似於今天的動帶。無論是動帶還是披衫，推測都是禮儀場所的穿戴。其色調與曹操的性別、年齡、個人喜好完全相符。

曹操似乎偏愛衣與裙分開的服飾，他的墓葬中隨葬了多件帶鉤和帶釦。帶鉤是銅質的，帶釦則有銅釦和鐵釦兩種。

化妝與薰香

曹操的梳妝要用到鏡子。墓內物品清單中有「鏡臺一」，隨葬品中有錯金鐵鏡一件，與清單相符，並有「絨手巾一」、「胡粉二斤」。「胡粉」是當時人用於化妝的粉末。此類物品與曹操梳妝相關。

曹操化妝時還要薰香。現代人薰香是追求「小資」，但薰香對於曹操來說可能是日常功課。薰香的證據有二：一是墓葬中出土有「香囊卅雙」的六邊形石牌，想必隨葬品中原本是有香料的，可能隨著埋藏時間久了被自然分解；二是曹操高陵出土了一件陶質香薰，亦可作證。

想必曹操平時化妝是在屏風之後，因為他的隨葬品清單中有「一尺五寸兩葉絳緣鏝屏風一」和「三尺五寸兩葉畫屏風一」。漢代一尺，約只有二十三釐米。這兩件屏風是一大一小，由於未發現實物，不知道這裡的「一尺五寸」和「三尺五寸」指的是寬還是長。「兩葉」即「兩扇」。若「三尺五寸」指的是

曹操高陵出土的衣裙石楬

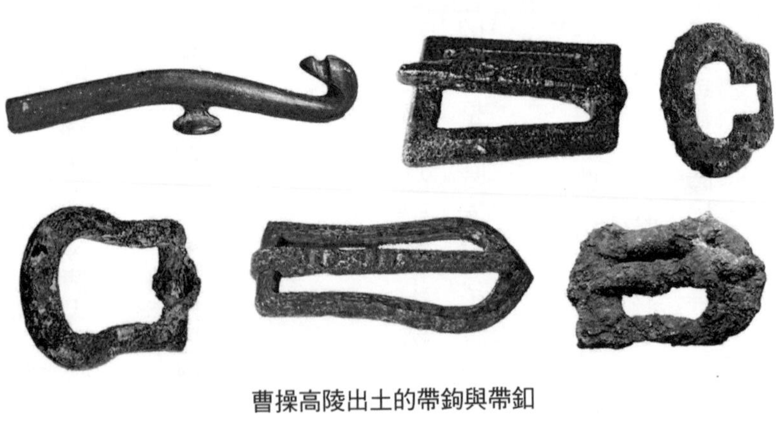

曹操高陵出土的帶鉤與帶釦

其中一扇的寬度，則實物很大，應是日常所用。

曹操高陵還出土有箱籠、鑷子一件、剪刀三把，這些都是生活用品，不奢華、不誇張。

金銀玉珠

曹操高陵出土的實物中，還有少量金銀器。這些金銀器並非單體的器物，而是某種物品的飾件，不排除是箱籠一類物品的飾件或釦件。物疏（石楬）所列隨葬衣物，不大可能露天放置，存在箱籠類收納工具屬合理推測。

曹操高陵出土的香薰

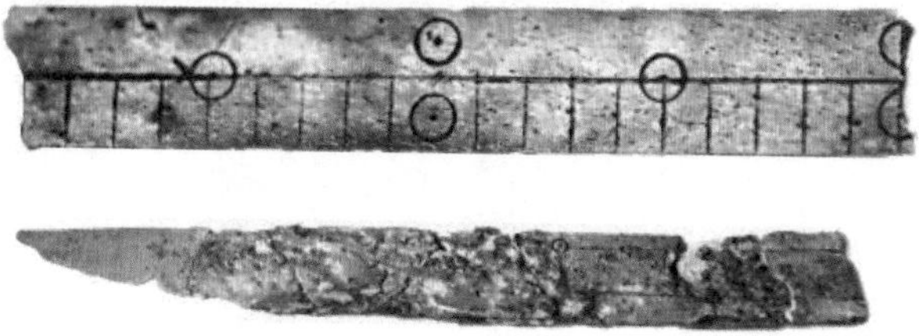

曹操高陵出土的骨尺、刀尺

曹操高陵的隨葬品中，有少量玉器、瑪瑙和水晶。除殘斷的玉璧和一件玉觿，其他均是珠子。包括青玉珠四顆、白玉珠兩顆、黑玉珠一顆、瑪瑙珠一顆。這些玉珠原本是何用途，尚需要進一步研究。

此外，曹操的髮型難以確知，但他顯然使用髮簪固定頭髮。墓內出土有陶簪一枚，雖然是明器，但可說明曹操平日的固髮方式。

墓內出土的戒指是銅質的，應該不是明器，可能是平日裡曹操或其夫人所戴。

曹操睡覺的時候，用的是「渠枕」。證據有二：一是物品清單中有「渠枕一」，二是安豐鄉公安局從盜墓者手中收繳的物品中，包括「魏武王常所用慰項石」。

除殘去穢

墓葬中的文物，給了我們觀察歷史的機會。

曹操高陵為我們呈現了一個怎樣的時代呢？

曹操高陵中的文物可以分成兩批：一批是曹操死後的隨葬品，另一批是曹操高陵中用以鋪地的畫像石。這兩批文物中，前者代表曹操生存的時代，後者代表曹操生前刻意要砸爛和破壞的時代。

考古隊打開墓門，進入墓室並清理完填充在墓內的淤土後，發現地面鋪滿青石。雖然部分青石被盜墓賊撬起並砸爛，但仍然可以看出原本是平整地鋪設在墓葬地面，或者用作牆基的。這些青石多做長方形，大小不一。多數青石的邊長為〇．八米至一．一米。個別巨型青石的長邊接近一．七米、寬〇．八米。

安陽縣公安局追繳的曹操高陵被盜文物中，也包括若干此類青石。此類青石，要麼鋪地，要麼墊在墓室的牆體之下做為牆基，因而可以分為鋪地石和牆基石兩種。

鋪地石和牆基石的大小尺寸及擺放位置都是預製好的，並在背面用朱漆做了標註。鋪地石鋪設平整後，才開始鋪設牆基石。

鋪地石厚薄均勻，表面均未拋光，背面顯得粗糙；後室即主室內的鋪地石鋪設整齊，其餘各室的鋪地石大小相對雜亂。

發掘者注意到，部分鋪地石有二次利用的現象。證實這些鋪地石是借用其他地區墓

曹操高陵出土的金飾與銀飾

曹操高陵出土的玉器和瑪瑙

曹操高陵出土的陶簪與銅戒指

葬或祠堂上的畫像石，因此對其上面的畫面有意進行了破壞。有的畫像石還保留了清晰的剔刻原石圖像的痕跡，以及在準備好的鋪地石上標註尺寸的朱書文字「長三尺三寸展二尺九寸」。

是的，曹操的確拆了他人的祠堂。高陵中那些大型畫像石殘塊透露了這一祕密。

題材互補

曹操高陵的大型畫像石塊不僅有圖像，也有題榜。

題榜：孝子伯榆、宋王車、飲酒人、咬人、文王十子……

相關畫像：人物、馬、軺車、安車、輜車、庭院、樓閣、闕、橋、環首刀、手戟、鉤鑲、劍、盾牌、神鳥、神獸……

畫面故事：伯夷叔齊、七女復仇、羅敷採桑、宴飲出行圖、中生故事、東王母、義人趙宣、貞夫韓朋、金日磾、二桃殺三士。

上述故事無一例重複，相互形成配合關係，顯示出典型東漢晚期墓地祠堂的題材構成。

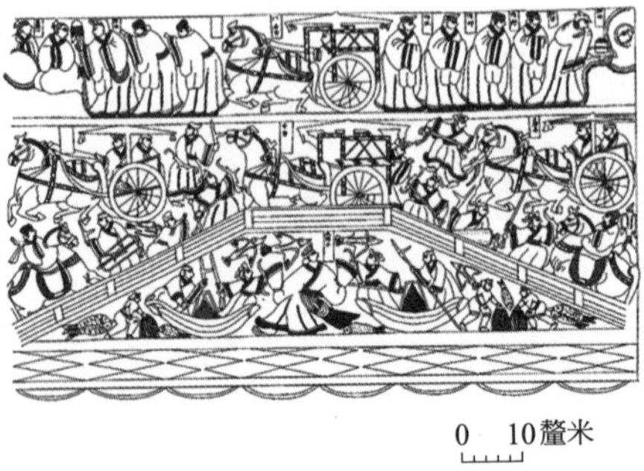

七女復仇圖

車馬出行圖

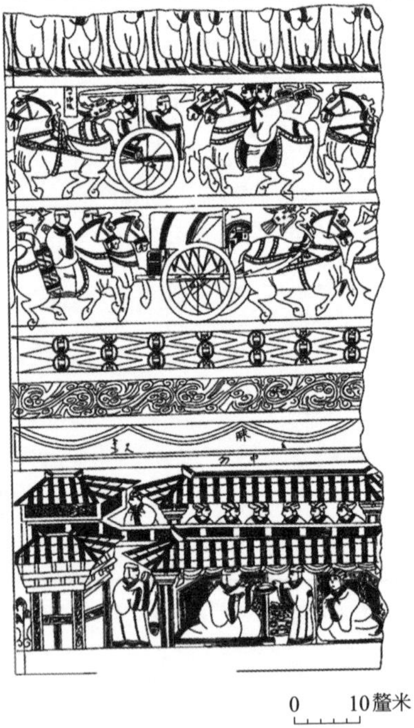

宴飲出行圖

曹操高陵出土的畫像石殘塊圖像線描

山東嘉祥東漢武梁祠、宋山畫像石的常見題材，通常包括神仙祥瑞、古代聖賢、忠孝故事、列女故事、刺客故事等五大類。每個大類都有相應的故事詮釋表達：

神仙祥瑞：西王母、東王公、瑞獸、仙人、羽人等。

古代聖賢：伯夷叔齊、三皇五帝、孔子見老子等。

忠孝故事：申生故事、丁蘭刻木事親、閔子騫失椎等。

列女故事：羅敷採桑、梁寡「高行」、齊杞梁妻、魯秋胡婦、魯義姑姊、楚昭貞姜等。

刺客故事：七女復仇、荊軻刺秦王、曹沫挾持齊桓公、專諸刺殺王僚、豫讓刺趙襄子等。

曹操高陵中大型畫像題材互補，與東漢晚期祠堂中常見的故事題材一致，很像是某處祠堂畫像石中的一部分。

技法一致

曹操高陵的畫像石中，做為牆基石者一般體積巨大、保存較好。有的畫面保存得不

畫像石殘塊之間成像技法的一致性

錯，有的畫面則隱藏在細密而雜亂的斜線鑿痕之中，顯示有人以細密而雜亂的斜紋清除原始畫面。

認真觀察原始畫面，可以輕易發現：這些畫像石是以整齊的豎線減地成像。即在打磨光平的石面上用陰線在圖像輪廓線以外減地，使圖像部分凸起。與武梁祠畫像石技法如出一轍。這種技法塑造的畫面平整光滑、線條流暢、十分精美。

不僅工藝技法（刀法）

元素	At/%	Wt/%
O	67.09	52.59
Mg	15.05	17.92
Ca	13.13	25.78
CK	4.61	2.71

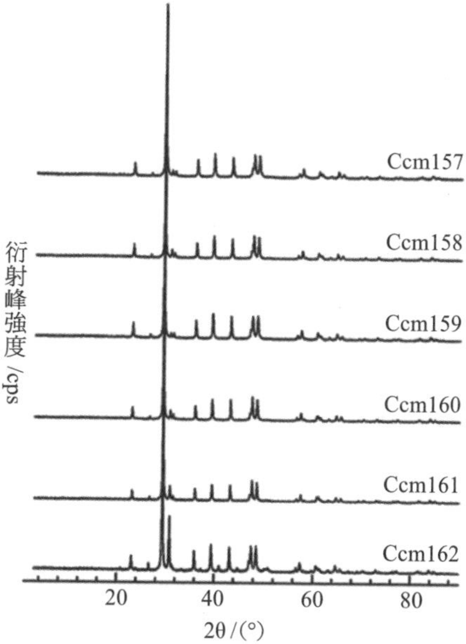

曹操高陵畫像石樣品的X射線衍射圖譜

曹操高陵畫像石典型樣品的掃描電鏡、能譜圖及元素組成

（南方科技大學文化遺產研究中心實驗成果）

相同，畫面構圖、人物造型、甚至人物服飾的表現也有強烈的一致性。例如，殘塊上的畫面均採用等距透視的構圖原則，且畫面切割喜用菱形紋、波浪紋、幔帳紋，甚至文字的書體也透出共性。殘塊之間技法的高度一致性，再次顯示其可能源自同一祠堂。

石材相同

曹操高陵中做為牆基用的大型畫像石是什麼材料呢？我們隨機選取了曹操高陵中的六塊畫像石樣品，進行了X射線衍射、掃描電鏡及能譜分析，結果均表明六個樣品在化學成分和晶體結構上具有高度的一致性。其化學成分主要是氧、鎂、鈣、鉀，其礦物成分、結晶形態等均屬碳酸鹽岩。因而至少納入測試的樣品是石灰岩，且石材來自同一地區。

側砌痕跡

曹操高陵出土的畫像石尺寸並不完全相同，顯示可能原本砌在祠堂的不同部位。由於畫面必須面向觀者，這些畫像石當年必是側砌，因而其側面偶爾能夠保留側砌痕跡。

果不其然，墓內多塊畫像石的側立面都可見石灰，顯然是早年側砌留下的痕跡。典型的例子是「七女復仇」畫像石，其四面都留有石灰痕跡，顯示這塊畫像石當年是砌在祠堂的中部位置。這塊畫像石的一角，還留有被人用撬棍撬動的痕跡。

曹操為什麼要拆祠堂？

漢代崇儒，大力推崇孝道，通過以孝為謚、優待孝子和「舉孝廉」選拔官吏等手段，彰顯孝行的功用。「事死如事生，事亡如事存，孝之至也」，導致厚葬之風越演越烈，尤其在兩漢的陵墓、祠、廟宇、石闕中得以佐證，以致成為「富者奢僭，貧者單財，法令不能禁，禮義不能止」的地步。祠堂做為家族展開道德教化的場所，當時大興孝悌之風，祠堂增長的速度勢如破竹，且在用於搭建祠堂的畫像石上多刻滿孝子、貞婦、忠臣、義士等題材的故事，來緬懷已故長者，以示孝道及勉勵後生發揚傳統。

曹操在任濟南國相期間，毀壞祠堂，禁止淫祀，「故在濟南，始除殘去穢」[20]。在晚年時曹操更是大行節儉之實，提倡「絕淫祀」的曹操拆卸早期祠堂便可以理解了。

20 曹操《述志令》。

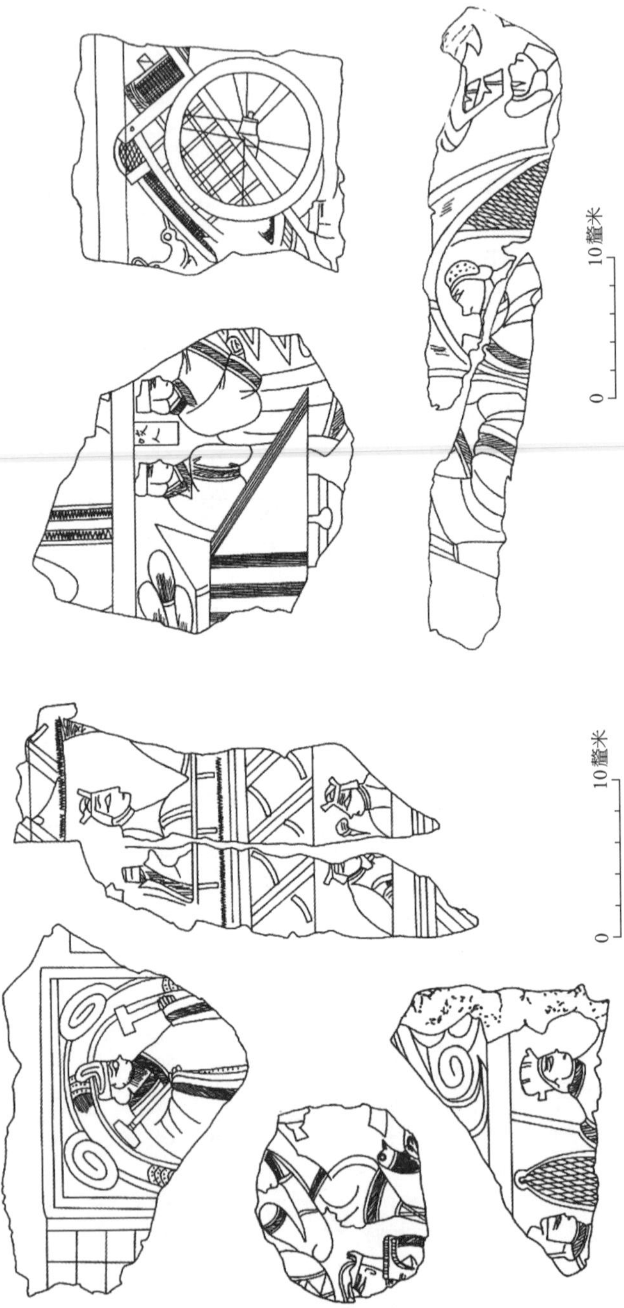

不同殘塊間的人物表現（線圖）

不同殘塊間的人物表現（拓片）

曹操拆除他人祠堂，是在砸爛或改變一個他並不喜歡的世界。

畫像石及曹操高陵中其他畫像石，很有可能是曹操生前以「絕淫祀」之名拆除的，在營建自己的「壽陵」時，提前擬好《終令》，指示他人將拆卸下來的畫像石用於「西門豹祠西原上為壽陵」，自此開了以畫像石建墓室的先河。

自曹操開拆除祠堂的「風氣之先」後，歷史上拆除前人祠堂，並以視覺石材入墓的現象多有發現。例如，直到北宋時期，拆祠建墓之風仍在延續。一九九三年，山東莒縣東莞鎮的一座宋墓中，出土的十二方畫像石之一，原為墓主孫熹墓前的闕門[21]，立於東漢靈帝光和元年（一七八），後被他人築墓利用。

曹操將自己拆人祠堂的行為，稱為「除殘去穢」。

改造舊世界

曹操想砸爛或改變的，是怎樣的世界？

如前所述，高陵中的畫像石，無論是牆基石上的清除痕跡，還是畫像石上的題材、技法、畫面人物的穿戴，都顯示出早於曹操建「壽陵」的時代，應與山東嘉祥武梁祠畫像石年代相當。

關於武梁祠畫像石的年代，學術界曾憑藉刀鋒特徵有過推論。

二〇一一年，中國國家博物館入藏了一柄環首鋼刀：錯金環首刀。該刀長七十九．八釐米，刀身寬三釐米、厚〇．七釐米，環首直刃，刀刃部分略向內彎。

此刀銘文註明為「永壽二年」，即西元一五六年。

曹操高陵畫像石

武梁祠畫像石

曹操高陵畫像石

武梁祠畫像石

曹操高陵畫像石與武梁祠畫像石的圖像與技法比較1

21 劉雲濤〈山東莒縣東莞出土漢畫像石〉，《文物》，二〇〇五年第三期。

其時漢桓帝在位，曹操也剛剛出生。此件鋼刀的最大形制特點，是其刀身前部呈「斜切」的摺疊刀狀鋒刃。此種刀鋒特徵，無論在武梁祠還是曹操高陵中鋪在地下，特別是牆基的畫像石上的刀鋒如出一轍。有理由推測，曹操高陵中畫像石的製作時間，很可能即永壽二年前後。曹操死於西元二二〇年，推測曹操高陵內畫像石的製作時間，早於曹操落葬時間五十年以上。

　墓葬中的文物，給了我們觀察歷史的機會。曹操高陵中的畫像石殘塊，給我們展示了一千八百年前

武梁祠　曹操高陵　武梁祠　曹操高陵

曹操高陵畫像石與武梁祠畫像石的圖像與技法比較2

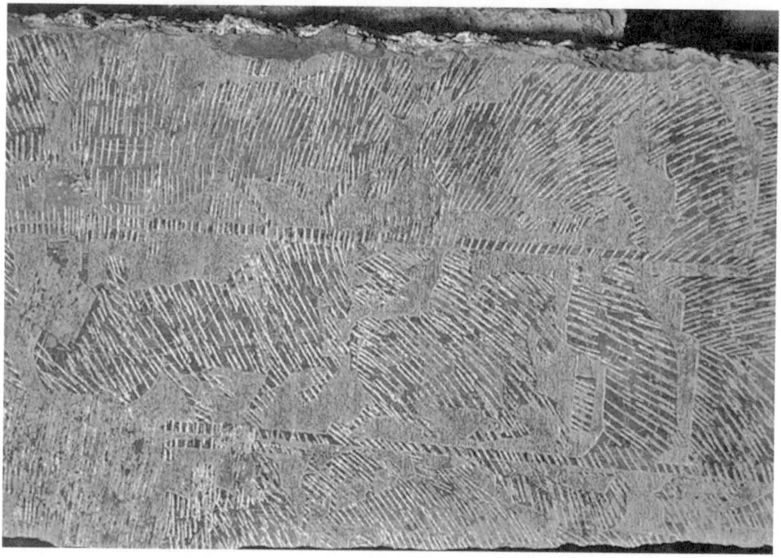

曹操高陵出土畫像石上隱約可見的圖像及清除打磨痕跡

的遙遠過去——那是曹操成長的時代背景，也是曹操想加以改變的世界。

心裡「住著天」

仰望星空，曹操想像著遙遠處難以理解的神祕，寫下一首《陌上桑》：

駕虹霓，乘赤雲，登彼九疑歷玉門。
濟天漢，至崑崙，見西王母謁東君。

這是曹操心目中的「天界」，也是兩漢時期人們對「天」的普遍理解。曹操高陵的大型畫像石用線條勾勒出了「天界」。天界住著西王母、東王公；陪著東王公、西王母的是長著翅膀的「羽人」、肥碩的瑞獸及飄逸的雲紋。其中的兩塊畫像石，用「赤烏」與「白帝仁」做為題榜，很直接地將東漢人心中住在天界的神仙刻畫其中；還有一塊畫像石，刻畫了一輪彎月和一條躍起的犬，猜想是表達「天狗食月」的故事吧。

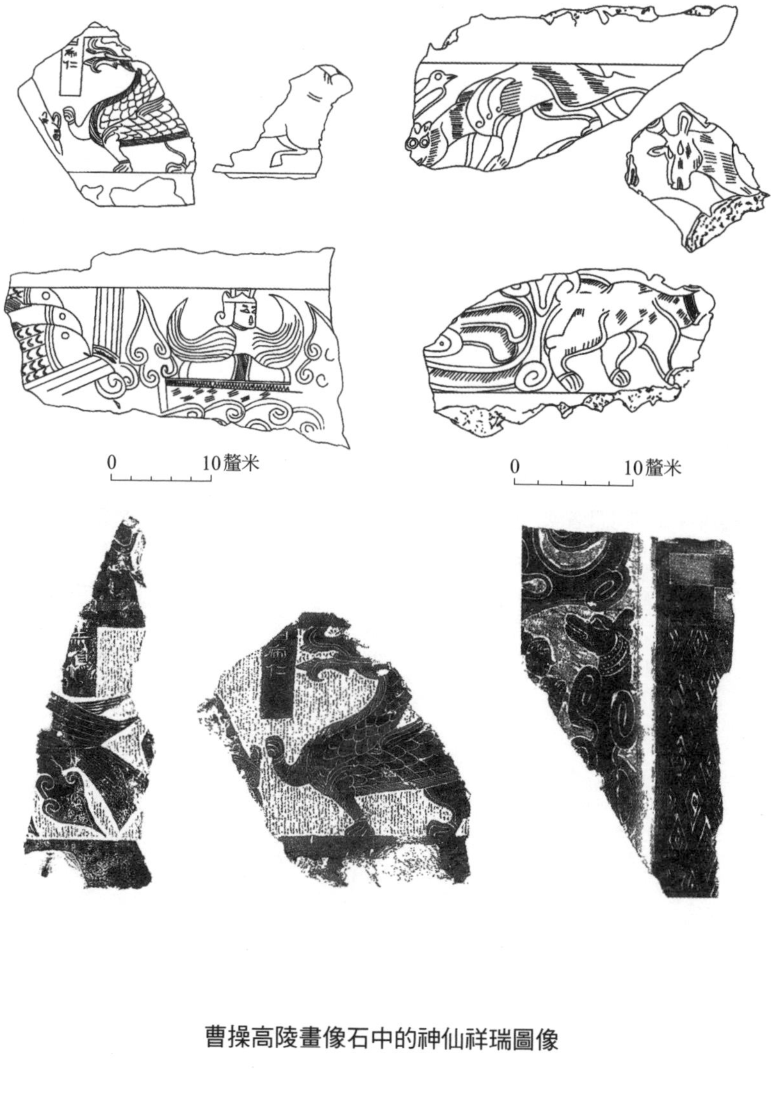

曹操高陵畫像石中的神仙祥瑞圖像

曹操高陵畫像石中的神仙祥瑞圖像不是個例。考古發掘早已確認東漢人心裡普遍「住著天」，「天上住著仙」是曹操生存時代的全民信仰。

祈求長生

曹操高陵畫像石的「羽人」不但能飛，而且長生不老。由於拆除祠堂可能導致部分畫像石遺失，否則也許能夠看到搗藥的玉兔。玉兔搗的是長生之藥，這是東漢畫像石中的常見題材。

見識了這些畫像石，就不難理解為什麼考古發掘的漢代文物中，常常能見到雕刻有「長樂未央」、「與天久長」、

曹操高陵畫像石中的「羽人」形象

「長生無極」文字的瓦當或其他文物。

忠孝節義

東漢是極其講究孝道的時代。曹操高陵畫像石中，表現了多個與忠和孝相關的故事，仔細數來，竟然有「伯夷叔齊」、「中生故事」、「貞夫韓朋」、「梁高行」、「杞梁妻」、「秋胡子」、「孝子伯榆」、「義人趙宣」、「周公輔成王」、「七女復仇」、「金日磾」等多種。

一概是十分優美但略帶淒涼，有的時候還有點血腥的忠孝故事。

伯夷叔齊拒食周粟，太子申生自殺敬父，公孫接、田開疆、古冶子棄桃赴義自殺，趙宣子義賑餓人還救自身，這些故事都是關於男性的，女性的忠孝故事同樣讓人唏噓不已。

梁國的寡婦高行，為忠於死去的丈夫，拒絕嫁給願意迎娶自己的梁王，不惜將自己美麗的臉刺破。

美麗的貞夫為宋王所逼進宮，撞見被宋王迫害致殘的夫君韓朋，貞夫不棄韓朋容顏

畫像石中的故事

第一排：申生故事

第二排：加框處為義人趙宣故事，未加框為貞夫韓朋故事

第三排：加框處為金日磾故事，未加框為三（二）桃殺三士故事

醜陋，毅然搭箭投書，拋棄富貴，從一而終。

秋胡子的故事則略顯滑稽。這是一則劉向在《列女傳》中記載的故事：魯國人秋胡子迎娶美女潔婦五日之後，便前往陳國做官，為官五年才返回家鄉。其時潔婦出落得更加美麗。秋胡子在歸鄉途中，撞見有個婦人在路旁採桑。秋胡子見婦人如此美麗，忍不住下車調戲說，我有黃金，給你錢財，你從了我唄。不料婦人卻說，我採桑紡布，為的是敬奉堂前老人、奉養夫君之子。我只希望自己的夫君沒有外心，我並非貪財之人。秋胡子騙色不成，悻悻離去。胡子返家，母親招呼他的媳婦出來相見，才知是路遇的採桑女。秋胡子慚愧不已。此時「採桑女」潔婦責怪秋胡子說，你路遇婦

曹操高陵畫像石中的「秋胡戲妻」故事

人便以金錢相贈，忘記自己有母親要孝敬，勾引偶遇女子，是好色淫佚。你孝義皆無，我不想見到你，你去娶別的女子吧。於是離家往東，跳入河中自盡。

另一則與女性有關的故事同樣略帶血腥。

曹操高陵的出土文物中，有一塊畫像石，長一二八釐米，寬七十一釐米，厚十一釐米。這是安陽公安收繳的曹操高陵文物之一。據盜墓者回憶，此石發現時已斷為三截。畫面上的對峙或打鬥場面，最初曾被某些文物愛好者解讀為「水陸攻戰」或「烏江自刎」，實際則應該叫「七女復仇」。理由很直接：一九七二年內蒙古和林格爾東漢墓中，出土過一件題材和畫面結構十分相似的壁畫，表現的是女子圍繞渭河橋行刺「長安令」的搏鬥畫面，其旁有題榜標註為「七女為父報仇」。

雖然諸多理由可證高陵畫像石與和林格爾漢墓中的「七女復仇」壁畫題材相同，但畢竟二者尚有某些細節上的區別。將二者題材等同，難免讓人產生一絲「搭錯橋」的顧慮。然而二十年後山東莒縣的一項新發現，則完全打消了少數謹慎學者心中的這一顧慮。

一九九三年，山東莒縣東莞鎮的一座宋墓中，發現十二方畫像石。這些畫像石原為墓主孫熹墓前的闕門，立於東漢靈帝光和元年（一七八），後被宋代人築墓利用。

就畫面構圖、復仇者穿著、兵器使用等方面而言，莒縣畫像石顯然更接近高陵畫像石。如此高度的題材及畫面相似性，加上莒縣畫像石上的「七女」題榜，幾乎坐實了高陵畫像石可以命名為「七女」或「七女復仇」。

同為「七女復仇」題材，高陵畫像石將故事內容刻劃得更為細膩，其畫面已將「七

曹操高陵「七女復仇」畫像石及復原圖（復原圖為鍾雯繪製）

女」內容直接表現出來。畫面中橋上、橋下所表現的，其實是行刺過程的兩個階段。細心觀察我們便能發現，畫面橋上行次的女子，正好是七人。正合「七女」之數。將橋面與橋下分作事件的兩個階段解讀，可以解釋畫面中十一位執兵刃與「七女」之數的矛盾，也解釋了為什麼橋上之人無一往橋下觀看這一奇怪現象。

依據畫面，可還原「七女復仇」故事的整個過程：

秦咸陽令因捕殺一位無辜男子，遭其七名女兒復仇。夏季某日，咸陽令外出，一行六人，分乘三車，依前導車、主車（令車）、主簿車自右向左相隨而行，咸陽令等人行至渭河橋的橋頂時，突然躍出七名手持兵刃的女子。其中四人分兩組插入三輛馬車之間，將前導車、主簿車隔開；其餘三人截住游徼；受到攻擊的咸陽令慌忙中跳入水中。橋面刺客中的四名女子，包括其中的兩名左撇子，分乘兩艘小船再次夾擊，最終將咸陽令擊殺於渭水。

「七女復仇」故事的一個重要細節，是女殺手並未濫殺無辜，她們的目標只有一個：咸陽令。女復仇者兵刃在手，但只攻擊咸陽令一人的畫面，傳遞出明確的「冤有頭，債有主」信息。無緣無故的殺戮絕然不可能成為與「申生故事」等一樣的孝道故事受到讚揚。

東漢後期，一些高等級墓葬以巨石營建墓室或在墓地建祠，並在墓、祠的石構件上刻劃多種題材的場景、人物或故事，以表達當時的社會思潮、精神信仰和政治、文化觀念。常見題材有神仙祥瑞（西王母、東王公、仙人、羽人）、古代聖賢（堯、舜、禹、湯、文王、伯夷叔齊、孔子見老子）、忠孝故事（申生、貞夫、秋胡子、杞梁、藺相如完璧歸趙、梁高行、緹縈救父、老萊子娛親、丁蘭供木人、金日磾）、仁人義士（趙宣、荊軻、二桃殺三士）、戰爭攻防（攻戰圖）、居家生活（莊園建築、庖廚圖）、農耕狩獵（狩獵圖、農耕圖）、車馬出行（出行圖）、歌舞宴飲、大事紀錄（泗水撈鼎、齊皇后鍾離春）、驅邪鎮鬼（方相氏、執幡圖）、宣傳教化（儒生講經）等。「七女復仇」屬於其中的忠孝故事。

漢代大力宣揚忠孝，畫像石上的這些忠孝節義故事，猶如今天學校中的課本，目的是以圖像方式向社會宣傳當時提倡的道德理念，甚至國家選拔官員也採取「舉孝廉」的方式。平民百姓若獲得「孝順親長、廉能正直」的社會評價，便有晉升機會。國家則通過提倡孝道維護秩序、穩定社會。上下各得其所，都竭力宣傳盡孝，畫像石藝術應運繁榮。

畫像石以圖像方式，表現忠孝故事，對於知識階層規模尚小的漢代社會，可以獲得最直觀的宣傳效果。許多人為了表現孝道，聘請精工良匠、選擇優質石材雕刻忠孝故事，不惜傾家蕩產。「七女復仇」畫像石，正是完成於此種社會背景之下。

過度宣傳忠孝文化，導致社會為貞節舉刀、為孝道瘋狂修墓建祠。於是墳越修越大、隨葬品越放越多、祠堂越建越宏偉。這便是曹操生活的時代。

雖然曹操本是舉孝廉出身，但目睹社會厚葬成風、淫祀不絕，決心改變這種不良風尚，於是提出「絕淫祀」、「行薄葬」，改「舉孝廉」為「唯才是舉」[22]。

他要改變他所生存的這個世界。

軍旅生涯

曹操高陵出土文物給人留下印象最深的，除了曹操的頭骨、畫像石之外，便是墓中的鐵兵器。

東漢已進入鐵器時代。此時的兵器已不再是戰國時代的銅戈、銅矛，而是讓位於鐵劍、鐵刀、鐵箭頭。防護用的兵器中，鐵鎧甲已經普遍投入使用。

曹操高陵出土的鐵器數量大、種類多。據不完全統計，鐵器殘塊超過四千餘件，其類別有兵器、工具和生活用器，而又以兵器種類最全。

兵器種類有刀、劍、蒺藜、箭頭、匕首、鎧甲、胄（頭盔）等。

22 曹操《述志令》，「孤始舉孝廉，年少，自以本非岩穴知名之士，恐為海內人之所見凡愚，欲為一郡守，好作政教，以建立名譽，使世士明知之；故在濟南，始除殘去穢，平心選舉，違迕諸常侍。以為強豪所忿，恐致家禍，故以病還。」

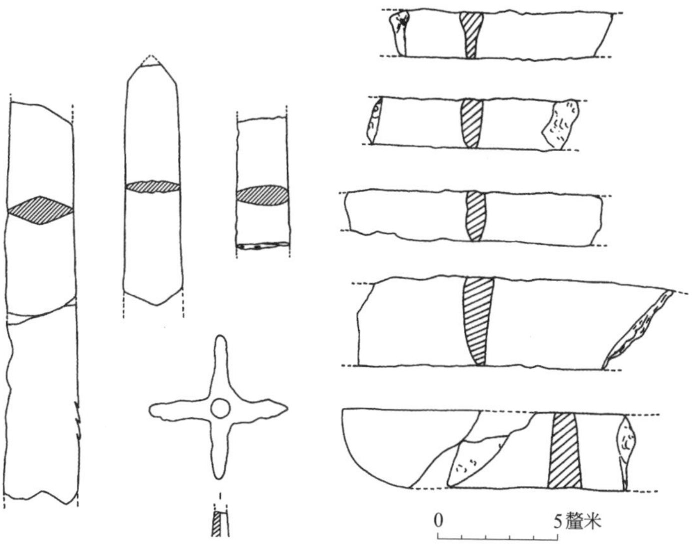

曹操高陵出土的劍、刀及匕首線圖

墓中共出土四塊劍身殘塊，可能屬於三柄不同的劍。鐵刀分大、中、小三種，其中大刀四把、中型刀兩把、小刀十一把，均已殘斷。另外還發現多件刀柄，多件刀、劍的背上還殘留有刀鞘或劍鞘遺留下來的朽木痕跡。經檢測，刀、劍均是鋼質。

曹操高陵中的箭頭有各種形制，可用於不同場合和不同目的。

鐵鎧甲出土時，散落在各個墓室的擾土和淤土中。有單片甲，更多的是鏽蝕在一起膠結成大塊、保存著原始結構的鎧甲殘部。甲片多呈魚鱗狀編連。據統計，出土鎧甲數量多達三千多片。與

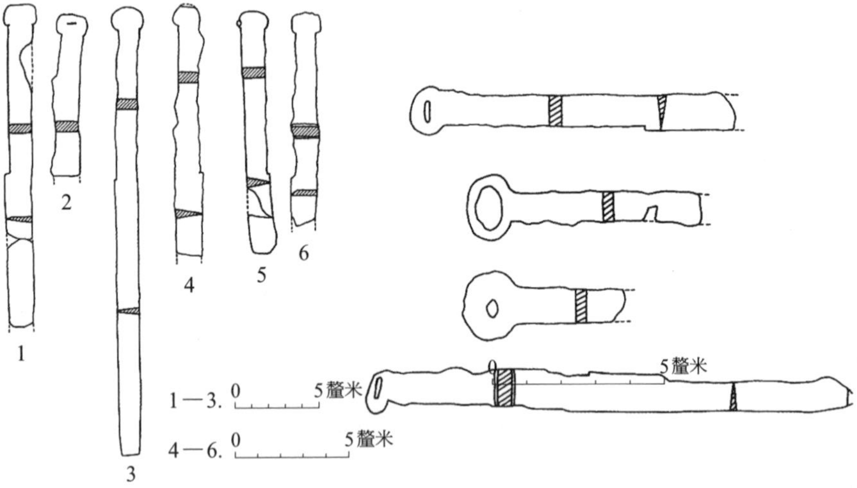

曹操高陵出土的小型鐵刀及匕首線圖

鎧甲相關的鐵質文物，還有鐵的護胸鏡，以及護肩的鐵甲片。

墓中出土的另一種防護性兵器是鐵冑，即頭盔。出土時已殘為數塊，外表尚殘留朱漆。

墓室內那件鏽跡斑斑的鎧甲、那柄鐵刀和鐵劍，見證了曹操一生多少生死時刻！

這些兵器的解讀，應與同墓所出「魏武王常所用挌虎大戟」、「魏武王常所用挌虎大刀」、「魏武王常所用挌虎短矛」等石牌對應。想必四千餘件鐵製品殘件中，必有曹操生前「常所用」的戟、刀、矛和盾。「常所用」兵器，正

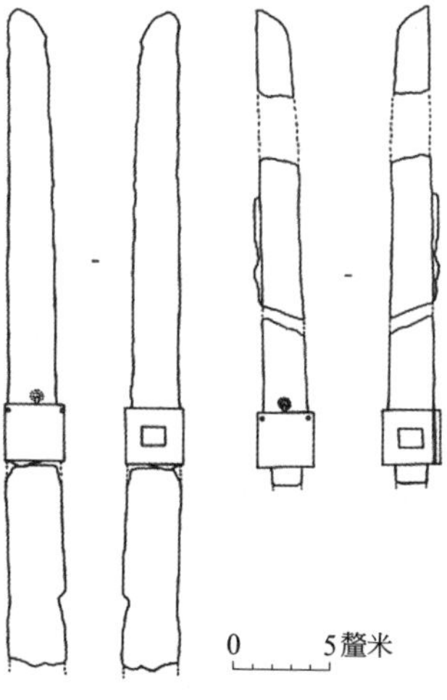

曹操高陵出土的大型鐵刀線圖

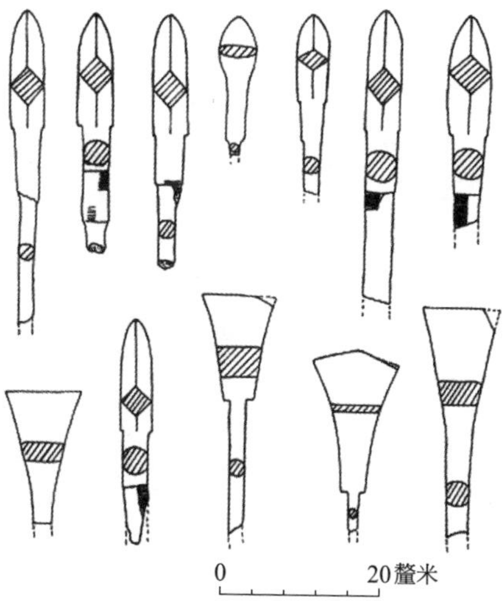

各種鐵箭頭線圖

是曹操戎馬一生的寫照。透過這件鎧甲，我們看到曹操當年率三千健兒在陳留（今河南開封）起兵，伐董卓、匡扶天子、詔令諸侯、誅呂布、滅袁紹、平烏桓、征馬超，將中國北方收歸一體的矯健身影。

登高而賦

曹操高陵出土的數十塊石牌中，有塊刻有「書案一」字樣。這種屬於「遣冊」性質的石牌，記錄了墓內置有書案。東漢墓葬中，出土陶井、陶灶，甚至陶樓、陶豬、陶水田模型都是正常的，但從未見有書案。所以書案是曹操個性化的隨葬品，或許這張書案曾經伴隨他出入軍旅。

個性化的隨葬品還有一件陶硯。

墨的石牌及陶硯（明器）

曹操高陵出土的六邊形石牌中，有兩塊分別寫的是「墨餅一」、「墨廉薑函一」。雖然清理出來的標本中並無墨的實物，想必做為有機物的墨早已分解在泥土之中，但既有石牌，當年的隨葬品中必有墨。另有一塊六邊形石牌，上刻「墨表赤裡書水碗一」，也不排除與書寫用具相關。

書案、陶硯還有墨塊能幹什麼？答案不言而喻。或許《短歌行》、《苦寒行》、《度關山》、《陌上桑》正是在這張書案上完成的。

「老驥伏櫪，志在千里；烈士暮年，壯心不已。」

「樗蒲床一」石牌

曹操高陵出土的銅燈盞

這是曹操晚年對自己的要求，其實也是他一生的寫照。

曹操高陵裡，隨葬有一盞銅燈。我們似乎能看到曹操挑燈夜讀的情景。這位常年患頭風病的老人，領導著一個國家。外有強敵，內存憂患。他一生要承受怎樣的壓力？但他從來沒有失去統一國家的意志。看到墓葬中出土的「魏武王常所用慰項石」，我們才能真正讀懂曹操的《龜雖壽》。

刀劍鎧甲與書案陶硯相伴一生。人們不應奇怪曹操曾經為《孫子兵法》作過注，曹注《孫子兵法》將他的軍事生涯與學者習性完美地聯結起來。

這就是曹操，集政治家、軍事家、文學家於一身的曹操。

古往今來，能集政治家、軍事家、文學家於一身的又有幾人？

偶爾為博

曹操高陵的六邊形石牌中，有一枚刻有「樗蒲床一」。樗蒲（音ㄕㄨ ㄆㄨˊ），是繼六博之後的一種博具，靠投擲比勝負，盛行於東漢末年。

東漢經學家馬融著有《樗蒲賦》，提及「昔玄通先生遊於京都，道德既備，好此樗蒲」。東晉葛洪《抱朴子・百里》記載說，當時有酷愛圍棋和樗蒲而廢政務者，也有田獵遊飲而忘庶事者。可見樗蒲在當時的洛陽十分盛行。

曹操也是凡人。長期的軍旅生涯，有時需要娛樂打發孤寂。曹操高陵出土此物，顯示曹操平日有此愛好，同時也透露了曹操血液中每天都流淌著進取爭勝的豪情。

車馬出行

縱橫千里，需要出行工具。

曹操高陵中出土了一批車馬器。包括鎏金銅蓋弓帽、鎏銀銅傘箍、銅傘帽、銅栓釘等，證實隨葬品中至少有馬車一輛。

墓葬中還出土了鐵質馬銜和馬鑣各兩件，均已殘斷。推測也是馬車所用。

同墓出土的六邊形石牌一塊，上刻「輴車上廣四尺長一丈三尺五寸漆升帳構一具」，與上述馬車飾件相印證。

第一排：鎏金銅蓋弓帽（三枚）、銅傘箍（一件）、銅栓（一件）
第二排：鎏金銅拉片（兩件）、鎏金銅銜環（兩件）
第三排：鎏金銅釘（五枚）

重視農耕

曹操高陵出土了一把鐵鍤。

鐵鍤是漢代農業生產中最重要的工具之一。古文獻《鄭白渠歌》描寫魏晉時期的勞動場景，有「舉鍤如雲，決渠為雨」之句。

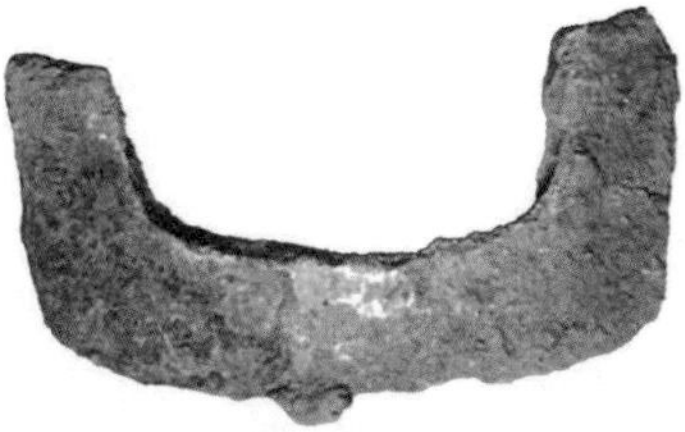

鐵鍤

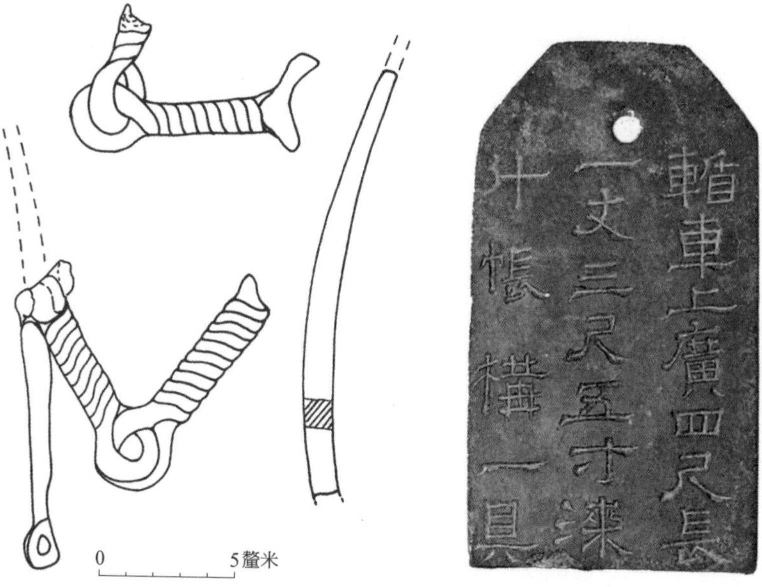

馬銜、馬鑣線圖及「輶車上廣四尺長一丈三尺五寸涞升帳構一具」石牌

曹操以鐵鍤隨葬，讓人想到他當年在許昌時大興「屯田制」、發展農業的舉措。常年戰爭，拚的是經濟。不管親身農耕，還是表演作秀，用一件鐵農具隨葬，都是曹操重視農業生產在墓中的反映。

對酒當歌

對酒當歌，人生幾何！
譬如朝露，去日苦多。
慨當以慷，憂思難忘。
何以解憂？唯有杜康。
青青子衿，悠悠我心。
但為君故，沉吟至今。
呦呦鹿鳴，食野之苹。
我有嘉賓，鼓瑟吹笙。
明明如月，何時可掇？

憂從中來，不可斷絕。
越陌度阡，枉用相存。
契闊談讌，心念舊恩。
月明星稀，烏鵲南飛。
繞樹三匝，何枝可依？
山不厭高，海不厭深。
周公吐哺，天下歸心。

一首《短歌行》，道盡了曹操的抱負、理想和些許無奈。《短歌行》第一句，「對酒當歌，人生幾何」，直抒胸臆。歷經亂世的曹操，思賢若渴，他想利用不多的時年，求得人才，使天下歸心。偉大的抱負與求索的艱難，使他愛上了酒。

曹操飲酒一事，在墓葬中得以證實。曹操下葬之時，隨葬耳杯五十一件。耳杯，又稱羽觴，是戰國至魏晉時人們喝酒的酒器。曹操高陵中的耳杯雖然是陶質明器，卻是「服侍」墓主人來世所用。五十一件耳杯，分為大、中、小、微四種型號，其中大型耳杯三十二件，占去多半。

曹操高陵中除飲酒器外，一同出土的還有陶鼎、陶甑、陶豆、陶勺、瓷罐，以及一件陶圈廁和兩件陶灶。陶圈廁是方便之器，同時養豬。陶灶當然是用來加工食物的。

陶圈廁表示有肉食提供、陶灶表示食物加工、瓷罐表示貯藏。這類器物相互配合，可謂「有酒有肉」，至少是曹操日常飲食生活的間接反映。

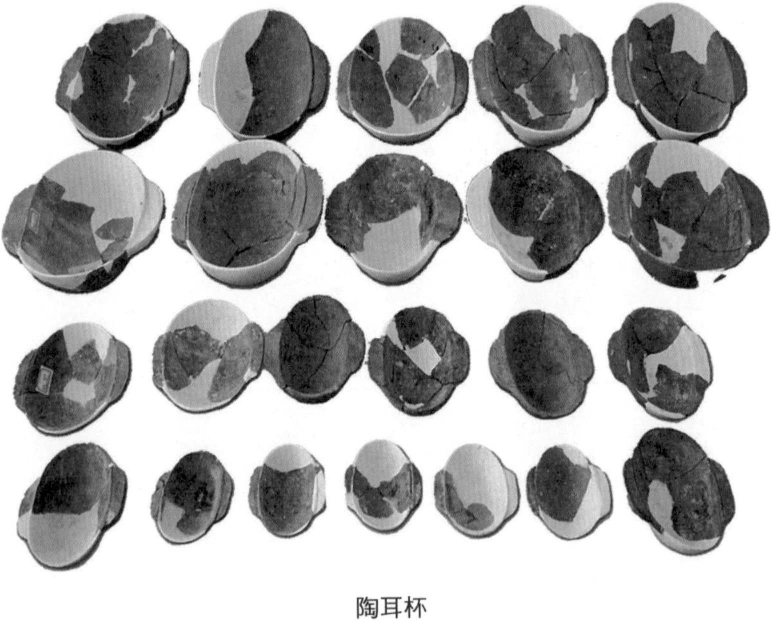

陶耳杯

陶勺

陶豆

陶甑

陶鼎

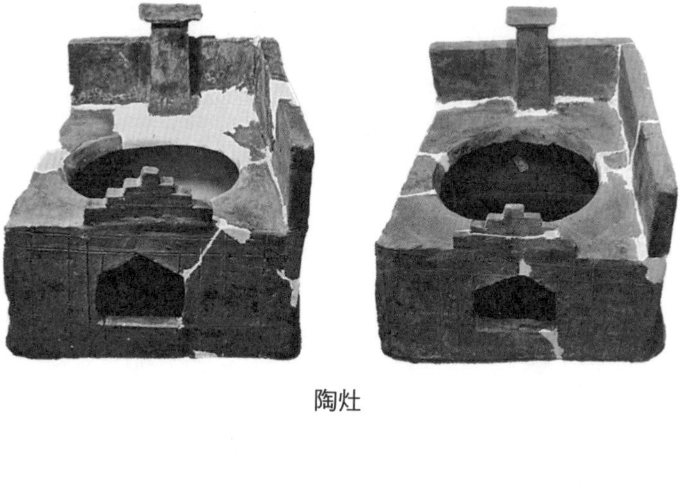

陶灶

曹操的生活，或許就這麼簡單。

生死伴侶

曹操高陵發現兩名女子的頭骨，一名五十歲以上，另一名二十至二十五歲。從頭骨形狀看，兩名女子都顱形周正，推測顏值很高。測量獲知，兩名女子的股骨都為三十七．六釐米，推測她們身高相若，應該都不超過一五五釐米。

她們是誰？

西漢時，帝與后通常在同一墓地開挖兩個墓穴，分開埋入，形成「異穴合葬」關係，例如北京大葆臺西漢墓。東漢時，開始出現夫妻葬於同一墓室的情況，河北定縣的劉暢夫婦墓即是如此。這種葬法，稱為「同墓合葬」或「同穴合葬」。

曹操高陵由墓主與兩名女子「同墓合葬」，在墓室內，兩名女子各自獨居一個側室，可知身分不低，不大像侍女的待遇。因此她們的身分，首先應該從文獻記載中具有較高身分的「曹女郎」中去尋找，包括曹操的夫人。

曹操身邊的女子，見於文獻記載的主要有丁夫人、劉夫人、卞夫人。其他女子雖見記載，但事蹟不詳。

丁夫人是曹操的嫡妻，而最先為曹操生育的是劉夫人。劉夫人去世早，死前留下兒子曹昂。曹昂便由丁夫人撫養。曹操征張繡時，曹昂不幸被殺。丁夫人每天痛哭不止。曹操忍受不了丁夫人哭哭啼啼，便將丁夫人逐回老家。丁夫人性格倔強，最終也未與曹操和好。

曹操的妻妾中，卞夫人最為賢慧。因此卞氏在曹操所有妻妾當中地位最高。卞氏是琅玡（今山東臨沂北）人，家世不顯。曹操年輕時，在家鄉娶了卞氏，後來將她帶在身邊。曹操每有征伐，都是卞氏隨軍照料。

卞夫人生有曹丕、曹植等兄弟。長子曹昂死後，曹丕等便被曹操視為掌上明珠。卞氏處事謹慎、得體。曹丕被立為太子時，卞「怒不變容，喜不失節」。建安二十四年（二一九），曹操去世前一年，卞夫人被立為王后，是為卞后。卞后性好節儉、不尚華麗、有體恤民苦之心，也甚得曹操賞識[23]。

23 陳壽《三國志．魏書．后妃傳》。

文獻中還提到另一位劉夫人，是曹昂和清河長公主的母親。

上述幾位，卞夫人最有可能是高陵中的女子。

考古學中的人骨年齡鑑定，有一個誤差範圍。人類學家無法將一千八百多年前的死者年齡精確到出生於某年某月。高陵中兩名女子的標本都是頭骨，沒有骨盆、肢骨等資料可用。頭骨的年齡鑑定，主要是牙齒和頭骨的骨縫，但這兩項指標都有局限性。其中一名女子年齡二十至二十五歲，易於理解，但另一名女子年齡「五十歲以上」，不能簡單理解成「五十至五十五歲」。由於人頭骨上最後一條骨縫閉合之後，再無骨縫可以觀察。因此鑑定年齡「五十歲以上」，實際年

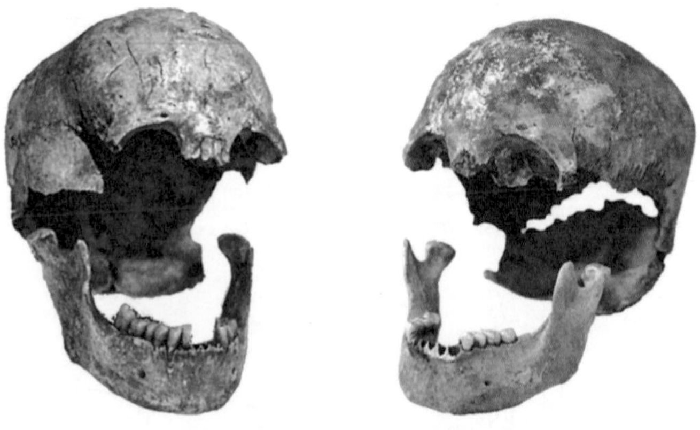

2號人頭骨（左）和3號頭骨（右）

齡卻有可能在六十歲以上，甚至更老。

《三國志．魏書．后妃傳》明確記載，卞夫人死於太和四年（二三〇）五月，七月合葬高陵[24]。給《魏書》作注的裴松之說，卞夫人生於東漢延熹三年（一六〇）[25]，由此推算卞夫人壽約七十歲，在人骨鑑定的年齡範圍內，加上史料明確記載她「合葬高陵」，這就增加了曹操高陵中年長女性是卞夫人的可能性。

另一個相當重要的證據是，考古隊在對曹操高陵「二次發掘」時，發現了曹操下葬後不久，墓道被二次打開的證據。這似乎更能印證文獻記載中卞后從葬高陵的事實。卞后死於五月、葬於七月，兩個月的時間完全有可能將曹操高陵二次打開，並將卞后安排在曹操身邊的側室之中。

但是近年考古人員勘探發現，在曹操高陵東北側還發現一座大型墓葬，年代稍晚於高陵，打破陵園的東北角，其形制具有魏晉時期高規格的特徵。由於尚未發掘，這座墓

24 陳壽《三國志．魏書．后妃傳》。
25 陳壽《三國志．魏書．后妃傳》，裴注引《魏書》。

葬的墓主也不能排除是卞后。因此，高陵側室中那位年長的女性是誰，仍然存疑。

那位二十至二十五歲的女子又是誰？年紀輕輕，她顯然不可能是卞后。為曹操生了曹昂和清河長公主的劉夫人便成了「重點嫌疑人」。劉夫人死於建安初年，也有可能遷葬於高陵。然而這只是推測，這位年輕女子的真實身分，很可能成為千古之謎。

兩名女子，各自獨享一棺、獨居一室，陪伴曹操左右，受到極高禮遇，算是走完了風光的一生。

清白一生

曹操被不少人稱為「絕漢統」的「奸賊」。曹操高陵的發現，最大的「貢獻」，當是澄清了對曹操「篡位」的指責。

是的，曹操沒篡位。直到辭世入土，一如文獻所載，他僅僅是「魏王」。

曹操的身分，在墓葬的規格、規模方面都得到了體現。例如，前室和後室的「四角攢尖」的結構，非普通東漢人可以使用；而就隨葬的物品而言，很能體現曹操帝王級身分的，是發現於後室的青玉璧。

玉璧整體呈扇形。中部有密集的蒲紋，邊緣處有一周平滑的窄邊，出土時已斷為數節。殘存部分弧邊寬五・一釐米、厚〇・五釐米，復原後直徑約十六・五釐米。此種規格，無疑是帝王所用。漢景帝所用玉璧，直徑也是十六釐米。

同墓出土有一件石圭和三件石璧，石圭的長度和石璧的直徑均超過二十八釐米，也是帝王級身分的反映。

此外，曹操高陵的後室出土有一件玉劍格，玉質極佳，其上粘有鐵鏽，劍格的孔徑約四・八五釐米，也能體現王者的身分。

然而墓葬中所有的文物，最直接體現曹操身分的便是圭形石牌。

曹操高陵出土完整及可辨認形制的圭形石牌十塊，上刻有「魏武王常所用挌虎大戟」、「魏武王常所用挌虎大刀」等字樣。

為什麼是「魏武王」而不是「魏武帝」或「武皇帝」？這個根本的區別，清晰地傳遞出一個資訊：曹操到死還只是「王」。

既然是「王」，就比「皇帝」差一級。

有人以曹操高陵中隨葬了十二件陶鼎，其用鼎之數與《後漢書・禮儀志》所載「東園祕器」中皇帝用「瓦鼎十二」相符，說曹操下葬時用了天子之禮。其實，曹操用鼎隨葬，與其築壽陵不同。後者是曹操自己安排，前者下葬時用鼎陪葬，實際是曹丕所為。曹操下葬後八個月，曹丕稱帝，是歷史事實。做為早已有志於帝位的曹丕，為其父僭越用鼎，係情理之中。但

玉璧殘件

石圭、石璧

刻有「魏武王常所用……」的圭形石牌

曹丕所為，不等於曹操踐位稱帝。曹操在世之時，漢獻帝已許其「建天子旌旗」，但他終究沒有稱帝。

既未稱帝，何來「篡漢」？

說到這裡，我們不能不想起一件事：

西元二一九年，曹操去世前一年，鄴城發生魏諷的反曹叛亂。叛亂平息後，群臣替曹操深感不平。曹操為漢室盡心盡職，卻還有人暗算他，倒不如乾脆廢了獻帝，直接當皇帝算了。於是「勸進」之聲四起。前將軍夏侯惇說得最直接：

> 天下都知道漢朝氣數將盡，一個新的朝代正在興起。自古以來，能夠為民除害、使百姓歸附的，就應該成為天下之主。你戎馬三十餘年，功德蓋世，天下歸附。既應天命，又順民心，當皇帝還有什麼可猶豫的呢？

曹操的回答卻是：

如果天命使我有了當皇帝的可能，我還是學周文王（專心輔佐皇帝）吧[26]。

曹操的一生，清清白白。

薄葬終老

征戰一生，交結豪傑無數。曹操看慣了死亡。他對自己的死，從容面對。他在生前便給自己安排了「壽陵」。關於葬地，他交代在「鄴之西」選「貧瘠之地」、「因高為基」；關於陵墓建設，他交代「不封不樹」、「無藏金玉珍寶」。

他的墓葬雖然使用了大量石材，但是係從拆毀的他人石祠取材「二次利用」；比起同時代比比皆是的巨大墳塚，貴為魏王的曹操只給自己築造了面積約七百四十平方米的安息之所。隨葬品中雖然也有「黃蜜金廿餅、白蜜銀廿餅、億巳錢五萬」，但物疏（石楬）所列，主要還是自己生前所用。墓室之中，四壁潔白，雖有帳幔，但不塗壁畫。他的確是位嚴於律己、厲行節儉的老人。他的明器都是陶器，簡易而普通。生前戒奢尚儉、不好華麗的習慣，完全得到了證實。

隨葬品中的「香囊卅雙」，讓人想起他在《遺令》中的囑託，「餘香可分與諸夫人」，又說「吾餘衣裘，可別為一藏，不能者，兄弟可共分之」。

在《度關山》中，曹操發出「侈惡之大，儉為共德」的感嘆。

曹操高陵中的物疏中，有一枚刻有「四副被」。這一紀錄似乎有提示曹操生前的節儉。《內誡令》中，他帶著教訓的口吻對妻妾說：「吾衣被皆十歲也，歲歲解浣補納之耳。」翻譯成現代漢語，便是：我蓋的被子都十年了，還只是每年拆下來洗洗，破了補補再蓋啊[27]。

曹操死後，兒子曹植想起一生節儉的父親，哀號不能自止。他一邊哭、一邊說他父親臨死是身穿打了補丁的衣服走的[28]。

曹操的臨終言論和墓中所見的隨葬品，與他早年反對「淫祀」相始終。反對浪費，是他一生的準則。

26 陳壽《三國志．魏書．武帝紀》，裴注引《魏氏春秋》，「若天命在吾，吾為周文王矣。」
27 曹操《內誡令》，「吾衣被皆十歲也，歲歲解浣補納之耳。」
28 曹植《武帝誄》，「躬御綴衣，璽不存身。」

撰寫《三國志》的陳壽，對曹操給過一個總評：

太祖（曹操）運用自己的智慧，縱橫天下。他既懂秦國申不害、商鞅的治國之策，又有韓非子、白起的經世之術。他因材施用、因事而謀，既講情義又有心計，而且不念舊惡、不計前嫌，因而總能把握機會、做成大事。這是因為他懂得把握全局啊。所以必須說他不是普通之人，而是超世之傑[29]！

有了考古發現的支持，我們不妨依託歷史文獻中的「正史」材料，還原這位「超世之傑」的完整人生。

29 陳壽《三國志．魏書．武帝紀》，「漢末，天下大亂，雄豪並起，而袁紹虎視四州，強盛莫敵。太祖運籌演謀，鞭撻宇內，覽申、商之法術，該韓、白之奇策，官方授材，各因其器，矯情任算，不念舊惡，終能總御皇機，克成洪業者，惟其明略最優也。抑可謂非常之人，超世之傑矣。」

尾聲　英雄謝幕

歷史文獻，留給人們一個斑駁雜亂的曹操印象。

曹操的「自己人」徐晃大嘆自己遇到明主，決意以功報效[1]。郭嘉拿曹操與袁紹比較，說曹操的道、義、度、謀、德、仁、明、文、武，無不遠勝袁紹。

劉備卻說曹操竊取漢室、為亂天下、作踐民生[2]。周瑜也指責曹操託名漢相，實為

1 陳壽《三國志・魏書・徐晃傳》，「古人患不遭明君，今幸遇之，當以功自效，何用私譽為。」

2 陳壽《三國志・蜀書・先主傳》，「董卓首難，蕩覆京畿，曹操階禍，竊執天衡；皇后太子，鴆殺見害，剝亂天下，殘毀民物。」

漢賊[3]。陳琳在「討曹檄文」中，大罵曹操出身宦官，沒有德行，狡詐凶殘[4]。

稍經時間沉澱之後，史學家對曹操的評論也各不相同。

《三國志》作者陳壽對曹操一生的評價可謂不低，稱其為「非常之人、超世之傑」。

歷魏、晉兩朝的王沈在《魏書》中，將曹操與孫武、吳起相提並論。

西晉時，曹操只有一件事被人抓住詬病。即當年漢獻帝衣帶詔事件發生後，他遣華歆收殺伏皇后。吳人所作《曹瞞傳》利用此事，極力渲染曹操的殘忍無道。

至於其他人的批評，如孫盛在《異同雜語》中批評曹操當年攻陷鄴城後，對袁紹妻進行慰問，又去袁紹墓哭拜是虛情假意，則是無關痛癢之事。

東晉時，針對曹操的批評開始多起來，而且不限於批評他收殺伏皇后一事。

東晉人習鑿齒著《漢晉春秋》，哀嘆「吳魏犯順而強，蜀人杖正而弱」，認為「魏武雖受漢禪晉，尚為篡逆」，意即曹操是個篡逆者。

南北朝以後，曹操的形象江河日下。

為《三國志》作注的南朝人裴松之也引陳琳的《為袁紹檄豫州》大罵曹操，「歷觀古今書籍所載，貪殘虐烈無道之臣，於操為甚。」同為南朝人的劉義慶在《世說新語》

中，大肆收錄揭曹操短的故事。其中最著名的故事是，曹操怕人暗算，常對人說：我睡著之後，千萬不可隨便接近我，否則我會無意中殺人，而且殺了人連自己也不知道。後來，曹操假意熟睡，有侍候他的人怕他受涼給他蓋被，他便順手把他殺了。劉義慶用這樣的故事來暴露曹操的奸詐。

經南朝人醜化之後，曹操的形象開始真正被扭曲。

儘管曹操的形象在唐朝略有好轉，但已經很難改變曹操的負面形象。

唐代史學家劉知幾，雖然肯定曹操的貢獻，但接受不了曹操誅伏皇后的事，指責曹操「賊殺母后，幽迫主上，罪百田常，禍千王莽」。這是極為嚴厲的指責。

唐太宗李世民也曾經自比曹操，稱讚曹操「臨危制變，料敵設奇」、「匡正之功異乎往代」[5]，但他明顯有所保留，說曹操「一將之智有餘，萬乘之才不足」。

3 陳壽《三國志．吳書．周瑜傳》，「雖託名漢相，其實漢賊也。」

4 陳琳《為袁紹檄豫州》，「操贅閹遺醜，本無懿德，僄狡鋒俠，好亂樂禍。幕府董統鷹揚，埽夷凶逆，續遇董卓侵官暴國，於是提劍揮鼓，發命東夏。」

5 李世民《祭魏太祖文》。

司馬光《資治通鑑》中說曹操早有篡漢之心，不敢廢漢而自立，只是因為「畏名義」抑制住了而已。

北宋時，曹操的負面形象進入民間。街巷瓦肆中唱小唱的、演雜劇的、說諢話的，開始將三國故事做為題材。此時人們顯然有了向背。據蘇東坡說，東京（今河南開封）街頭的聽書百姓，每當聽到曹操大敗，即歡天喜地，而聽到劉備失敗時，甚至有人痛哭流涕。

南宋時，曹操的形象進一步跌入深淵。視曹為賊，已成人們的共識。朱熹作《資治通鑑綱目》，不顧歷史事實，公然把曹魏從歷史記載中排除到正統之外。

元、明、清時期，曹操的奸雄形象最終定型。

生活在元末明初的羅貫中，參考史籍、採摘傳說，在當時各種流傳的平話、雜劇基礎上，寫成《三國演義》一書。書中將劉備樹為道德正統，將曹魏排斥在正統之外，並將其描寫成一個譎詐、殘忍、志竊漢鼎的謀逆稱王者形象。《三國演義》流傳極廣，將曹操的奸雄「廣告」推廣到幾乎每個老百姓心中。

孫權虎踞江東，劉備屯兵西川，可他們都不是奸賊，為什麼奸賊「罵名」獨獨落在曹操的頭上？有人認為是他「挾天子以令諸侯」，這一舉措使他身為人臣，卻控制著君王，因而無法逃脫歷史的指責。這當然是問題的一個方面，但根本的原因，卻在於曹操死去之後，他無法左右的歷史發展道路。

曹操從英雄淪為「奸賊」的千餘年間，東晉、南朝和南宋是關鍵階段。

曹操縱橫中原、消滅豪強、統一北方，以中原虎視江南。

東晉、南朝時，中國的北方陷於異族手中，偏安江南的東晉、南朝君臣，找到的完全是當年「東吳」的感覺。站在地緣政治的立場，曹操無異於就是雄踞北方的軍事對手。罵曹操，也就等同於罵當時的北方異族。南宋時，金人擄走徽、欽二宗，占據中原，偏居江南的趙宋君臣，面臨的是與三國東吳和當年劉備完全一樣的形勢。出於完全相同的心理，南宋人在「愛國情緒」的驅使下，將同情心移向南方的蜀、吳，而仇視北方的曹操。朱熹、陸遊視操若寇仇，都是熱忱的愛國人士。

特定政治形勢下的政治決斷和道德選擇，使曹操無意中成了歷史的犧牲品，從而也就有了《三國演義》這部「曹操的謗書」。

千年逝去，多疑的社會依然多疑！曹操被謗，曹操墓的真偽也經歷激烈交鋒。歷史，似乎不得不如此！

感謝考古，感謝科學，感謝所有人歷史知識和考古知識的提升。

西高穴二號大墓的發掘，還給了我們一個真實的曹操。

後記

「此處葬曹操」是「蓄謀已久」的書名。

二〇〇九年，考古隊在安陽發現曹操高陵一事出乎意料地成為社會熱點。雖然我的科研領域是商王朝，但由於長期在安陽發掘，迅速被捲入「真假曹操墓」的爭論之中，可謂身不由己。

憑著對西高穴二號墓的了解，我從未懷疑那就是曹操的陵墓。二〇一〇年，河南省文物局孫英民副局長及科學出版社考古分社的閆向東社長，打電話邀我寫一部有關曹操高陵的書，我第一時間想到的書名便是「此處葬曹操」。

曹操高陵發掘期間，特別是中央電視臺公布發現曹操高陵後，我常常進入墓室，見證了曹操高陵發掘的重要環節，觀摩了墓內種種重要遺跡現象。曹操高陵發掘領隊，河南省文物考古研究所（現河南省文物考古研究院）潘偉斌研究員，還多次邀我到當時存放標本的安豐鄉敬老院觀摩出土文物。從曹操的頭骨到「魏武王常所用挌虎大戟」及「胡粉二斤」石牌等，都得以反覆端詳。

少年時，我癡迷三國。不僅讀過《三國演義》，甚至還在喜愛歷史的舅舅督促下讀過《三國志》。魯潛墓誌發現後，我一面繼續閱讀文獻、一面關注各種漢墓資料。得益於長期的田野工作歷練和自己喜歡死磕資料的習慣，我居然很快便寫完了一本關於曹操高陵的書。成書期間，劉慶柱、孫英民、孫新民先生給予了指導，張志清、潘偉斌先生提出過修改建議。多少有一絲遺憾，此書最終未能以「此處葬曹操」出版，而是換成了與當年真偽之辯十分應景的書名「曹操墓真相」。

《曹操墓真相》的出版，幫助部分質疑曹操高陵真偽的人士解惑釋疑，也平息了某些社會爭議，受到業界好評。此後十餘年中，我持續關注曹操高陵。一方面積極參加業內學術活動，例如，國家文物局、河南省文物局組織的有關曹操高陵研究、文物保護及博物館展陳的會議；另一方面參與曹操高陵真偽相關的社會辯論，包括北京電視臺的

《書香北京》和鳳凰衛視的辯論節目等。

我深切感受到社會對曹操高陵的持續熱情，但印象最深的，是學術研究的不斷深入。先前難以詳知的問題，經多年研究逐漸清晰。典型的例子是關於曹操高陵鋪地畫像石的研究和關於十二瓦鼎的研究。當然，最重要的成果是《曹操高陵》考古發掘報告的出版。於是我考慮在《曹操墓真相》基礎上重寫一部與曹操高陵相關的書，以跟進學界的研究成果。我先將這一想法告訴此時已出任河南省文物考古學會會長的孫英民先生和河南省文物考古研究院的劉海旺院長。他們都很支持。當年慷慨為《曹操墓真相》提供圖片的潘偉斌先生此次慷慨依舊，不僅同意我繼續使用前書圖版，甚至問我是否需要新的圖片。對於上述同行朋友的無私支持，我由衷感謝。

除了上面的男士，我還要感謝幾位女士。我的助理鍾雯、劉子彧協助處理了多幅線圖。鍾雯的線圖生動再現了曹操高陵鋪地畫像石「七女復仇」的人物形象，廣受稱讚。此次做為插頁，為本書增色甚多。我要特別感謝中信出版集團的副總編輯蔡欣和編輯王晴。她們一直鼓勵我寫作此書。做為本書責任編輯的王晴為了這本書專赴深圳，以潤物細無聲的方式說服我，使我成了中信出版集團的粉絲。成書過程中，我信馬由韁寫作、王晴不厭其煩修改。批註稿上的雋秀字跡，記錄的是她的專業水準與職業操守。

《此處葬曹操》的出版恰逢盛事：曹操高陵博物館經多年籌備，終於對外開放；「姿貌短小，神明英發」的曹操，也有了考古學家根據其骨骼復原的頭像。

紀念曹操，一切都來得這麼巧，也來得這麼好！

南方科技大學文化遺產研究中心講席教授
河南大學黃河文明與可持續發展研究中心特聘研究員　唐際根

二〇二三年五月江西羅霄山脈密林深處

老驥伏櫪，志在千里。
烈士暮年，壯心不已。

——曹操《龜雖壽》

MU0060

此處葬曹操

作　　者❖唐際根
封面設計❖兒日工作室
內頁排版❖張彩梅
總 編 輯❖郭寶秀
責任編輯❖林俶萍

事業群總經理❖謝至平
發 行 人❖何飛鵬
出　　版❖馬可孛羅文化
11563台北市南港區昆陽街16號4樓
電話：(886) 2-25000888
發　　行❖英屬蓋曼群島商家庭傳媒股份有限公司城邦分公司
11563台北市南港區昆陽街16號8樓
客服服務專線：(886)2-25007718；25007719
24小時傳真專線：(886)2-25001990；25001991
服務時間：週一至週五9:00～12:00；13:00～17:00
劃撥帳號：19863813 戶名：書虫股份有限公司
讀者服務信箱：service@readingclub.com.tw
香港發行所❖城邦（香港）出版集團有限公司
香港九龍九龍城土瓜灣道86號順聯工業大廈6樓A室
電話：(852) 25086231　傳真：(852) 25789337
E-mail：hkcite@biznetvigator.com
馬新發行所❖城邦（馬新）出版集團Cite (M) Sdn Bhd
41, Jalan Radin Anum, Bandar Baru Sri Petaling,
57000 Kuala Lumpur, Malaysia
電話：(603) 90563833　傳真：(603) 90576622
E-mail：services@cite.my
輸出印刷❖前進彩藝有限公司
初版一刷❖2024年04月
定　　價❖520元（紙書）
定　　價❖364元（電子書）

ISBN：978-626-7356-67-8（平裝）
EISBN：9786267356661（EPUB）
城邦讀書花園
www.cite.com.tw

國家圖書館出版品預行編目（CIP）資料

此處葬曹操／唐際根著. -- 初版. -- 臺北市：馬可孛羅文化出版：英屬蓋曼群島商家庭傳媒股份有限公司城邦分公司發行, 2024.04
面；　公分
ISBN 978-626-7356-67-8（平裝）

1. CST:（三國）曹操　2. CST: 傳記

782.824　　113003326